古書疑義舉例五種

俞樾等著

中華書局

圖書在版編目（CIP）數據

古書疑義舉例五種/俞樾等著.—北京:中華書局,
1956.1(2024.11重印)
　ISBN 978-7-101-04577-2

　Ⅰ.古…　Ⅱ.俞…　Ⅲ.訓詁　Ⅳ.H131

中國版本圖書館 CIP 數據核字(2005)第 008219 號

封面設計：劉　麗
責任印製：陳麗娜

古書疑義舉例五種

俞　樾等　著

*

中 華 書 局 出 版 發 行
(北京市豐臺區太平橋西里 38 號　100073)

http://www.zhbc.com.cn
E-mail:zhbc@zhbc.com.cn

三河市宏盛印務有限公司印刷

*

850×1168 毫米 1/32 · 9¾印張 · 2 插頁 · 163 千字
1956 年 1 月第 1 版　　2005 年 4 月第 2 版
2024 年 11 月第 12 次印刷
印數:52801-53800 冊　定價:40.00 元

ISBN 978-7-101-04577-2

古書疑義舉例

古書疑義舉例序

夫周、秦、兩漢，至於今遠矣。執今人尋行數墨之文法，而以讀周、秦、兩漢之書，譬猶執山野之夫，而與言甘泉、建章之巨麗也。夫自大小篆而隸書，而真書，自竹簡而縑素，而紙，其為變也屢矣。執今日傳刻之書，而以為是古人之真本，譬猶聞人言筍可食，歸而煮其簀也。嗟夫，此古書疑義所以日滋也歟！竊不自揆，刺取九經諸子，為《古書疑義舉例》七卷，使童蒙之子，習知其例，有所據依，或亦讀書之一助乎？若夫大雅君子，固無取乎此。

俞樾記。

卷六

卷七

古書疑義舉例

卷　一

清　德清　俞樾

一　上下文異字同義例

古書有上下文異字而同義者。孟子公孫丑篇：「有仕於此而子悅之，不告於王而私與之吾子之祿爵；夫士也，亦無王命而私受之於子。」按：「有仕於此」之「仕」，即「夫士也」之「士」。「夫士也」，正承「有仕於此」而言。「士」，正字，「仕」，叚字，是上下文用字不同而實同義也。

論語衛靈公篇：「臧文仲其竊位者與？知柳下惠之賢而不與立也。」按：古文「位」、「立」同字。此章「立」字當讀爲「位」，不與立即不與位，言知柳下惠之賢而不與之祿位也。上文「竊位」字作「位」，下文「不與位」字作「立」，異文而同義也。

莊元年左傳：「築王姬之館于外。爲外，禮也。」按：「爲外，禮也，」猶曰「于外，禮也。」　古「于」、「爲」義通。鄭注士冠禮曰：「『于』，猶『爲』也。」然則「爲」亦猶「于」也，此舉經文而釋之。若但曰「禮也」，疑若通言築之爲得禮，而無以明築于外之爲得禮；故疊「于外」二字，乃舉經文作「于外」，而傳文自作「爲外」，亦異文而同義也。

周書太子晉篇：「遠人來驩，視道如咫。」又曰：「國誠寧矣，遠人來觀。」按：「觀」，正字也；「驩」，叚字也。亦上下文之用字不同者。

荀子宥坐篇：「詩曰：『瞻彼日月，悠悠我思；道之云遠，曷云能來？』子曰：『伊稽首不其有來乎？』」按：「首」字當讀爲「道」。周書芮良夫篇：「予小臣良夫稽道。」羣書治要作「稽首」。是「道」與「首」古字通。稽者，同也。堯典正義引鄭注曰：「稽，同也。」詩言「道之云遠，曷云能來？」孔子言道茍同，則雖遠亦來矣，故曰「伊稽道不其有來乎？」蓋借詩言而反之。若唐棣之詩也，因叚「首」爲「道」，遂莫知其卽爲上文「道」字，而注者曲爲之說，致失其義矣。

商子兵守篇：「給從從之，不洽而燓之，使客無得以助攻備。」按：上「從」字下有闕文，下「從」字當在不洽之下，「洽」亦當爲「給」，古字同聲而通用也。此文當云「給從而□之，不給從而燓之。」蓋承「發梁撤屋」而言，所發所撤，其材尙可作它用。若其力有餘，則取之而歸；若力不足，則從而僕之，無使爲敵用也。給與不給，反復相明：乃上用「給」字，下用「洽」字，又有闕文，讀者遂不知爲何語矣。

釋名釋言語曰：「厚，後也。」上言厚，下言後，亦異字同義之例。

呂氏春秋辯士篇：「必厚其耡。」又曰：「其耡而後之。」按：「後」與「厚」同義。

二　上下文同字異義例

古書亦有上下文同字而異義者。禮記玉藻篇：「既搢必盥，雖有執於朝，弗有盥矣。」論語公冶長篇：「子路有聞，未之能行，惟恐有聞。」上「有」字乃有無之「有」，下「有」字亦「又」字也；言有聞而未行，則惟恐又聞也。

尚書微子篇：「降監殷民，用乂讎斂，召敵讎不怠。」按：釋文曰：「讎，如字；下同。」此依傳義作音也。又曰：「徐云鄭音疇。」是鄭注上讎字與下讎字異義。鄭於上讎字蓋讀爲疇，故徐云鄭音疇也。「乂」與「刈」通。「降監殷民，用乂讎斂，」言下視殷民，方用刈穫之時，計疇而斂之也。孟子盡心篇趙注曰：「疇，一井也。」殷制用助法，上所應得者，惟

公田所入耳。此云「疇斂」，則是按井而斂之，所取不止於公田，殆紂時所加賦歟？枚傳不

知上下兩儺字文同義異，致失其解。又，酒誥篇：「朝夕曰，祀茲酒，惟天降命，肇我民，惟

元祀。」按：上祀字讀爲「已」，周易損：「初九，已事遄往。」釋文曰：「已，虞作祀。」

是「祀」與「已」古字通也。已者，止也。已茲酒者，止此酒也。「肇我民，惟元祀，」言

此二句乃倒句，猶言惟天降命止此酒，蓋重其事，故託之天命也。「肇我民，惟元祀，」言

與民更始，在此元祀。元祀者，文王之元年，蓋文王初受命，即有止酒之誥，故云然耳。枚傳

不知上下兩祀字異義，致失其解，皆由不知古書有同字異義之例也。

三　倒句例

詩文王有聲篇：「既伐于崇，作邑于豐。」按：下「于」字乃語詞，上「于」字則「邘」之叚

字也。史記載虞、芮決獄之後，明年伐犬戎，明年伐密須，明年敗耆國，明年伐邘，明年伐

崇侯虎而作豐邑，是伐邘、伐崇，與作豐邑事適相連。故詩人詠之曰：「既伐邘、崇，作邑于

豐」也。「邘」作「于」者，古文省，不從邑耳。今讀兩「于」字竝爲語詞，則下句可通；

上句既伐于崇，文不成義矣。

古人多有以倒句成文者，順讀之則失其解矣。僖二十三年左傳：「其人能靖者與有幾？」

昭十九年：「諺所謂室於怒市於色者。」皆倒句也。

周易震：「六二，億喪貝。」釋文引鄭云：「十萬曰億。」梁氏玉繩瞥記曰：「億喪貝

乃倒文，與莊子在宥篇『萬有億喪』同一句法。」禮記檀弓篇：「蓋殯也，問於郰曼父之母。」

高郵孫氏濩孫檀弓論文曰：「此二句乃倒句也。蓋殯淺而葬深，孔子之父實殯於五父之衢，而

見之者皆以為葬，孔子不敢輕啟父墓而遷葬，乃其慎也。及問於郰曼父之母始得其實，當云

『問於郰曼父之母，蓋殯也。』故作倒句以取曲折耳。」按：此二義，余著羣經平議，均不

之從。然倒句成文，則古書自有之，亦存其說以備一解。

詩人之詞必用韻，故倒句尤多。桑柔篇：「大風有隧，有空大谷。」言大風則有隧矣，大

谷則有空矣。今作「有空大谷」，乃倒句也。說詳王氏經義述聞。節南山篇：「弗聞弗仕，

勿罔君子；式夷式已，無小人殆。」言勿罔君子，無殆小人也。「無」，猶勿也，「罔」與

「殆」義相近，論語亦以「罔」「殆」對文可證。今作「無小人殆」，乃倒句也。說詳余所

著羣經平議。

孟子盡心下篇：「若崩，厥角稽首。」按：漢書諸侯王表：「厥角稽首。」應劭曰：「厥

者，頓也。角者，額角也。稽首，首至地也。」其說簡明勝趙注。「若崩」二字，乃形容厥

角稽首之狀。蓋紂衆聞武王之言，一時頓首至地，若山冢之崒崩也。當云「厥角稽首若崩」，

今云「若崩厥角稽首」，亦倒句耳。後人不得其義，而云稽首至地，若角之崩，則不知角爲

何物，失之甚矣。

四　倒序例

墨子非樂上篇：「啓乃淫溢康樂，野于飲食。」按：「野于飲食」，即下文所謂「渝食

于野」也。與左傳「室於怒市於色」句法正同。畢氏沅校本疑「野于」當作「于野」，蓋誤

連康樂二字讀之，亦由不達古書之例，失其讀，幷失其義矣。

史記樂毅傳：「薊丘之植，植於汶篁。」索隱曰：「薊丘，燕所都之地也。言燕之薊丘

所植，皆植齊王汶上之竹也。」按：此亦倒句；若順言之，當云「汶篁之植，植於薊丘」耳。

宋人言宣和事云：「夷門之植，植於燕雲，」便不及古人語妙矣。

古人序事，有不以順序而以倒序者。周官大宗伯職：「以肆、獻、祼享先王。」若以次

弟而言，則祼最在先，獻次之，肆又次之也。乃不曰「祼、獻、肆」，而曰「肆、獻、祼」，

此倒序也。大祝職：「隋釁、逆牲、逆尸。」若以次弟而言，則逆尸最在先，逆牲次之，隋釁又次之也。乃不曰「逆尸、逆牲、隋釁」，而曰「隋釁、逆牲、逆尸」，此倒序也。小祝職：「贊徹、贊奠。」若以次弟而言，則奠先而徹後也。乃不曰「贊奠、贊徹」，而曰「贊徹、贊奠」，此倒序也。說者不知古人自有此倒序之例，而必曲爲之解，多見其不可通矣。

禮記文王世子篇：「其登、餕、獻、受爵，則以上嗣。」正義曰：「以特牲言之，則先『受爵』而後『獻』，『獻』而後『餕』。」今此經先云「餕者，以餕爲重，先，逆言之，故云『其登、餕、獻、受爵』也。」按：以特牲言之，嗣子與長兄弟爲上下兩篹，是餕不止嗣子一人；而受爵止嗣子一人，是受爵重於餕也，安得云以餕爲重乎？孔氏蓋不知古書有此倒序之例，曲爲之說而失其義。

五　錯綜成文例

古人之文，有錯綜其辭以見文法之變者。如論語：「迅雷風烈，」楚辭：「吉日兮辰良，」夏小正：「剝棗栗零……」皆是也。

詩采綠篇：「之子于狩，言韔其弓；之子于釣，言綸之繩。」箋云：「綸，釣繳也。君子往狩與？我當從之爲之韔弓；其往釣與？我當從之爲之繩繳。」按：〈箋〉以「韔弓」、「繩繳」對舉，則知下句「繩」字與上句「韔」字對；下句「綸」字與上句「弓」字對，失之矣。蓋錯綜以成文也。〈正義〉曰：「謂釣竿之上須繩，則己與之作繩，」是以繩字對上句弓字，失之矣。

又，〈思齊篇〉：「古之人無斁，譽髦斯士。」按：「古之人」與「髦斯士」文正相配。古之人，言古人也；髦斯士，言髦士也。此承上而言，惟成人有德，故古之人無斁；惟小子有造，故譽髦斯士。古之人者，尚書無逸篇枚傳所謂古老之人也。無斁，謂不見厭惡也。譽與豫通。〈爾雅〉曰：「豫，樂也，安也。」言其俊士無不安樂也。豫與無斁互文見義。無厭惡則安樂可知，安樂則無厭惡可知。上句先言古人而後言無斁，下句先言譽而後言髦斯士，亦錯綜以成文也。毛、鄭均未得其解。

周禮大宗伯職：「王后不與，則攝而薦豆籩徹。」按：薦豆籩徹者，薦豆徹籩也。於豆言「薦」，於籩言「徹」，互辭耳。不曰「薦豆籩」，而曰「薦豆籩徹」，亦故爲錯綜以成文也。〈賈疏〉曰：「凡祭祀皆先薦後徹，故退徹文在下。」此不得其解而爲之辭。

太玄止次八曰：「弓善反，弓惡反，善馬狠，惡馬狠。」按：弓善弓惡，即善弓惡弓，與善馬惡馬同義。乃云弓善弓惡者，故與下文錯綜其詞也。〈范望注曰〉：「善反，〈詩云〉：「四矢反兮，』言反其故處也。」惡反者，不善發則翩然反也。」誤以善惡連反字讀，失之。〈測曰：

「反弓馬狠，終不可以也。」不曰「弓反馬狠」，而曰「反弓馬狠」，文法與此同。

淮南子主術篇：「夫疾風而波興，木茂而鳥集。」上言疾風，下言木茂，亦錯綜其詞。

意林引此，作「風疾而波興」，由不知古人文法之變而以意改之。

〈公羊有記聞記見之說，穀梁有散辭聚辭之義，此乃作傳之體例如此，未必得經意也。

〈春秋僖十有六年書：「隕石于宋五，六鶂退飛，過宋都。」石五之與六鶂，亦錯綜以成

文。

〈夏小正：「梅杏杝桃則華，緹縞。」上句先言梅杏杝桃而後言華，下句先言緹而後言縞，

蓋古人之辭，往往有此。傳曰：「先言緹而後言縞，何也？緹先見者也。」亦未免曲為之說也。

六　參互見義例

古人之文，有參互以見義者。禮記文王世子篇：「諸父守貴宮貴室，諸子諸孫守下宮下

室。」又云：「諸父諸兄守貴室，子弟守下室，而讓道達矣。」鄭注曰：「上言父子孫，此

言兄弟，互相備也。」又，雜記上篇：「有三年之練冠，則以大功之麻易之。」鄭注曰：「言

練冠易麻，互言之也。」〈疏曰：「麻，謂経帶。大功言経帶，明三年練亦有経帶；三年練云冠，

明大功亦有冠。是大功冠與經帶，易三年冠及經帶，故云互言之。」又，祭統篇：「王后蠶於北郊，以共純服；夫人蠶於北郊，以共冕服。」鄭注曰：「純服，亦冕服也，互言之爾。純以見繪色，冕以著祭服。」凡此皆參互以見義者也。

鄭注有云「通異語」者。文王世子篇：「庶子以公族之無事者守於公宮，正室守太廟。」注云：「或言宮，或言廟，通異語。」又有云「文相變」者。喪大記篇：「浴水用盆，沃水用枓，沐用瓦盤。」注曰：「浴沃用枓，沐於盤中，文相變也。」亦皆互文以見義之例。

周易雜卦傳：「乾剛坤柔，比樂師憂。」皆兩相對，他卦雖未必然，而語意必相稱。獨「晉，晝也；明夷，誅也。」其義不倫。愚謂此亦參互以見義也。知「晉」之為「晝」，則「明夷」之為「晦」可知矣。「明入地中」，非晦而何？知明夷之為「誅」，則晉之為「賞」可知矣。「康侯用錫馬蕃庶」，非賞而何？自來言易者，未見及此也。

七　兩事連類而並稱例

少牢饋食禮：「日用丁己。」言或用丁，或用己也。士虞禮：「冪用絺布。」言或用絺，或用布也。古人之文，自有此例。

士喪禮：「魚鱄鮒九。」此亦連類而並稱，言或鱄或鮒，其數則九也。若必鱄鮒並用，而欲合其數爲九，則夙四夙五，不得無文矣。

禮記郊特牲篇：「繡黼丹朱中衣。」按：繡黼二物，丹朱亦二物，言中衣之領，或以繡爲之，或以黼爲之；中衣之緣，或以丹爲之，或以朱爲之；是爲繡黼丹朱中衣，非必一時並用也。

鄭注　破繡爲綃。

正義曰：「五色備曰繡，白與黑曰黼，繡黼不得共爲一物，故以繡爲綃也。」此未達古人立言之例也。

日知錄曰：「孟子云：『禹、稷當平世，三過其門而不入。』考之書曰：『啓呱呱而泣，予弗子。』此禹事也；而稷亦因之受名。『華周、杞梁之妻，善哭其夫而變國俗。』考之列女傳曰：『哭於城下七日而城爲之崩。』此杞梁妻事也；而華周妻亦因之以受名。」愚謂此皆連類而及之之例也。呂氏春秋曰：「孔丘、墨翟，畫日諷誦習業，夜親見文王、周公旦而問焉。」因孔子而及墨翟，因周公而及文王，亦此類矣。

八　兩義傳疑而並存例

儀禮士虞禮：「死三日而殯，三月而葬，遂卒哭。」鄭注曰：「此記更從死起，異人之聞，其義或殊。」賈疏曰：「上已論虞卒哭，此記更從始死記之，明非上記人，是異人之聞。

其辭或殊，更見記之事，其實義亦不異前記也。」按：此即傳疑竝存之例。注疏：「聞」字

今誤作「閒」，非是。辨見羣經平議。

穀梁傳之解經，多有竝存兩說者。隱二年傳：「或曰，紀子伯莒子而與之盟。或曰，年

同爵同，故紀子以伯先也。」又，五年傳：「穀梁子曰：『舞夏，天子八佾，諸侯四佾，初獻

六羽，始僭樂矣。』尸子曰：『舞夏，自天子至諸侯，皆用八佾，初獻六羽，始厲樂矣。』」

又，八年傳：「或曰，隱不爵大夫也。或說曰，故貶之也。」又莊二年傳：「於餘丘，邾之

邑也。其曰『伐』，何也？公子貴矣，師重矣，而敵人之邑；公子病矣，病公子，所以譏乎

公也。其一曰，君在而重之也。」又，文十八年傳：「姪娣者，不孤子之意也。一人有子，三

人緩帶。一曰，就賢也。」凡此皆兩義竝存，不獨疑以傳疑，且足見網羅放失之意。公羊傳

亦閒有之。閔二年傳：「或曰，自鹿門至於爭門者，是也。或曰，自爭門至於吏門者，是也。」

亦二說竝存也。禮記檀弓篇：「滕伯文爲孟虎齊衰，其叔父也；爲孟皮齊衰，其叔父也。」按：孟虎孟皮，

疑是一人，虎與皮蓋一名一字。鄭罕虎字子皮，即其例也。縣子本得之傳聞，或故老所說不同，

或簡策所載互異，疑以傳疑，故竝存之。正義謂虎是滕伯文叔父，滕伯是皮之叔父，夫記文

兩言「其叔父也」，乃謂一是叔父，一是兄弟之子，殆不然矣。

爾雅釋蟲有「蠰蝮蜟」，釋魚有「蜪蚅」，釋蟲有「蛭蝚至掌」，釋魚有「蛭蝚」：蓋皆

一物也。或云蟲類，或云魚類，故竝存之。郭注於釋蟲不解「蛭蝚至掌」，於釋魚不解「蜪

蚅」，由未知其為同物耳。

凡著書者，博採異文，附之簡策。如管子法法篇之「一曰」，大匡篇之「或曰」，皆為

管氏學者傳聞不同而竝記之也。韓非子書如此者尤多。如內儲說上篇，引魯哀公問孔子莫衆

而迷事，又載：「一曰晏嬰子聘魯，哀公問曰：『語曰，莫三人而迷。』」外儲說左篇，引孟

獻伯相魯事，又載「一曰孟獻伯拜上卿，叔向往賀」，如此之類，不下數十事。尚書每有「又

曰」之文，愚謂亦當以是解之。康誥篇：「非汝封刑人殺人；無或刑人殺人，非汝封。又曰劓

刵人，無或劓刵人。」蓋史策所載異辭：一本作「非汝封刑人殺人；無或刑人殺人，非汝封。」

一本作「非汝封劓刵人；無或劓刵人。」故兩載之，而詞有詳略也。下文：「王曰：

『外事，汝陳時臬，司師茲殷罰有倫。』」此一本也。「又曰：要囚，服念五六日，至於旬

時，丕蔽要囚。王曰：『汝陳時臬事，罰蔽殷彝。』」此又一本也。亦兩存之而語有詳略。

余從前著羣經平議，未見及此，蓋猶未達古書之例也；當更爲說以明之。

九　兩語似平而實側例

古人之文，有似平而實側者。詩蕩篇：「侯作侯祝。」傳曰：「作祝詛也。」段氏玉裁

曰：「『作祝詛也』四字一句，『侯作侯祝』，與『乃宣乃畝』『爰始爰謀』句法同。」

縣篇：「曰止曰時。」箋云：「時，是也。曰可止居於是。」正義曰：「如箋之言，則

上『曰』爲辭，下『曰』爲『於』也。」按：此亦似平而實側者，與「爰始爰謀」，乃宣乃畝

一例。王氏引之曰：「經文疊用曰字，不當上下異訓，二曰字皆語辭，時亦止也。」轉未得古

人義例矣。

論語憲問篇：「君子恥其言而過其行。」正義曰：「此章勉人使言行相副也。君子言行相

顧，若言過其行，謂有言而行不副，君子所恥也。」按：恥其言而過於行，亦語平而意側。皇

侃義疏本作「君子恥其言之過其行也；」語意更明。朱注曰：「恥者，不敢盡之意；過者，

欲有餘之辭；」誤以兩句爲平列，失之。

孟子公孫丑篇：「今夫蹶者趨者。」趙注曰：「蹶者相動，今夫行而蹶者，氣閉不能自

持，故志氣顛倒；顛倒之閒，無不動心而恐矣。」尋趙氏之意，謂趨由於蹶。「今夫蹶者趨

者」，猶云「大凡顛蹶之人，皆是趨走之人。」蓋人之疾趨而行，氣使之也，而至於顛蹶，

則無不動心矣。故曰「是氣也而反動其心。」「蹶者趨者」，似平而實側，若以蹶趨平列，

則其義不見矣。

十 兩句似異而實同例

古人之文，有兩句竝列而實一意者，若各爲之說，轉失其義矣。禮記表記篇：「仁有數，

義有長短小大。」鄭注曰：「數與長短小大，互言之耳。」按：數卽短長小大，質言之，則是

仁有數，義亦有數耳。乃於仁言「數」，而於義變言「長短小大」，此古人屬辭之法也。

周官大司徒職：「令五家爲比，使之相保；五比爲閭，使之相受。」按：受與保同義，

古語或以受保連文，士冠禮「永受保之」是也。或以保受連文，尚書召誥「保受王威命明德」

是也。使之相保，使之相受，文異而義同，皆謂使之互相任保，不爲罪過也。杜子春及後鄭

均未達斯旨。又，族師職云：「使之相保相受，刑罰慶賞相及相共。」按：「相受」猶「相保」

也，「相共」猶「相及」也，皆變文以成辭耳。賈疏斷「刑罰慶賞相及」爲句，失之。

儀禮特牲饋食禮：「籑有以也，醑有與也。」兩句義同，變文以成辭耳。史記貨殖傳：

「智不足與權變，勇不足以決斷，仁不能以取予。」漢書楊雄傳：「建道德以爲師，友仁義

與爲朋。」與、以互用，是「有與」即「有以」也。鄭注曰：「與，讀如諸侯以禮相與之

與，」失之。

孟子梁惠王下篇：「吾王不遊，吾何以休？吾王不豫，吾何以助？」趙注曰：「言王者

巡狩觀民，其行從容，若遊若豫。豫，亦遊也。」按：不遊不豫，變文以成辭而無異義。趙

氏此注，斯通論矣。下文曰：「從流下而忘反，謂之流；從流上而忘反，謂之連；從獸無厭

謂之荒；樂酒無厭謂之亡。」按：「亡」當讀爲「芒」。荀子富國篇：「芒軔僈楛。」楊倞

注曰：「芒，昧也。或讀爲荒。」是荒、芒義通。故淮南子詮言篇曰：「自身以上，至於荒

芒爾遠矣。」荒芒連文，與流連一例，皆古之恆語。「從流下而忘反，謂之流；從流上而忘

反，謂之連。」連與流一也。「從獸無厭謂之荒，樂酒無厭謂之芒。」芒與荒亦一也。流連

荒芒，亦猶上文遊豫之比，變文成辭而無異義。趙氏一一爲之詮釋，則轉失之。良由不知

「亡」爲「芒」之叚字，故滋曲說。其解「亡」字曰：「若殷紂以酒喪國也，故謂之亡。」

然則若羿之好田獵，無有厭極，以亡其身，亦可謂之亡矣；何以從獸無厭謂之荒乎？

尚書舜典篇：「流共工于幽州，放驩兜于崇山，竄三苗于三危，殛鯀于羽山。」枚傳曰：

「殛、竄、放、流，皆誅也；異其文，述作之體。」至詩人之詞，此類尤多。關雎篇：「參差荇菜，

左右流之；窈窕淑女，寤寐求之。」傳曰：「流，求也。」則流之、求之，一也。兔爰首章，

「我生之初，尚無爲；」次章，「我生之初，尚無造。」傳曰：「造，爲也。」則無爲、無

造，一也。

荀子正論篇：「故盜不竊，賊不刺。」按：漢書郊祀志：「刺六經中作王制。」師古注

曰：「刺，采取之也。」又，丙吉傳：「至公車刺取。」注曰：「刺，謂探候之也。」是刺有

探取之義。盜不竊，賊不刺，變文以成辭而無異義也。莊子知北遊篇：「若正汝形，一汝視，

天和將至；攝汝知，一汝度，神將來舍。」按：「一汝度」當作「正汝度」。淮南子道應篇、

文子道原篇竝同，可據以訂正。「攝汝知」即「一汝視」，所視者專一，故所知者收攝矣。

「正汝度」即「正汝形」，度，猶形也。是亦變文以成辭而無異義也。

楊子法言吾子篇：「多聞則守之以約，多見則守之以卓。」按：卓亦約也。莊子大宗師

篇郭象注曰：「卓者，獨化之謂也。」是卓有獨義。說苑君道篇：「踔然獨立。」踔與卓同。

「卓約」，本疊韻字。莊子之「淖約」，上林賦之「綽約」，竝其證也。「多聞則守之以約」，

「多見則守之以卓」，猶「淖約」「綽約」之比。是亦變文以成辭而無異義也。

十一　以重言釋一言例

禮記樂記篇：「肅肅，敬也；雍雍，和也。」顧氏日知錄曰：「詩本蕭雍一字而引之二字者，長言之也，詩云：『有洸有潰。』毛公傳之曰：『洸洸，武也；潰潰，怒也。』即其例也。」

錢氏大昕養新錄曰：「詩：『亦汎其流。』傳云：『汎汎，流貌。』『碩人其頎。』箋云：『長麗俊好，頎頎然。』『咥其笑矣。』傳、箋皆云：『咥咥然笑。』『垂帶悸兮。』傳、箋皆云：『悸悸然有節度。』『條其歗矣。』傳云：『條條然歗。』『零露漙兮。』傳云：『漙漙然盛多。』『子之丰兮。』箋云：『面貌丰丰然。』『零露湑兮。』傳云：『湑湑然，蕭上露貌。』『噂沓背憎。』傳云：『噂，猶噂噂然；沓，猶沓沓然。』『有扁斯石。』云：『扁扁，乘石貌。』『匪風發兮，匪車偈兮。』傳云：『發發飄風，非有道之風；偈偈疾驅，非有道之車。』『匪風嘌兮。』傳曰：『嘌嘌，無節度也。』並以重言釋一言。

丘中有麻篇：「將其來施施。」顏氏家訓曰：「河北毛詩皆云施施；江南舊本悉單為施。」

按：當以江南本爲正。傳云：「施施，難進之意。」箋云：「施施，舒行伺閒，獨來見己之貌。」經文止一施字，而傳、箋竝以施施釋之，所謂以重言釋一言也。後人不達此例，增經文作施施，非其舊矣。

周易乾：「九三，君子終日乾乾，夕惕。」惕者，惕惕也，猶言「終日乾乾，終夕惕惕」也。後人不明一言之即爲重言，遂以「夕惕若」爲句矣。尚書盤庚中篇：「乃咸大不宣，乃心欽。」欽者，欽欽也。「乃心欽」，猶詩云「憂心欽欽」也。後人不明一言之即爲重言，遂以「乃心欽念以忱」爲句矣。由不達古書之例，失其義，幷失其讀也。

十一　以一字作兩讀例

古書遇重字，多省不書，但于本字下作二畫識之；亦或幷不作二畫，但就本字重讀之者。考工記輈人曰：「輈注則利準，利準則久，和則安。」鄭注曰：「故書『準』作『水』，鄭司農云：『注則利水，謂轅脊上，雨注令水去利也。』玄謂利水重讀，似非。」據此，則故書「利水」二字，本無重文，先鄭特就此二字重讀之，故後鄭可以不從也。

孟子告子上篇：「異於白馬之白也。」按：上「白」字當重讀。蓋先折之曰「異於白」，乃曰「白馬之白也，無以異於白人之白也。」則又申說其異之故也。如此則文義自明，亦不必疑其有闕文矣。

十三　倒文協韻例

詩既醉篇：「其僕維何？釐爾女士。釐爾女士，從以孫子。」按：女士者，士女也。孫子者，子孫也。皆倒文以協韻。猶「衣裳」恆言，而詩則曰「制彼裳衣」；「琴瑟」恆言，而詩則曰「如鼓瑟琴」也。甫田篇：「以穀我士女，」此云「女士」，彼云「士女」，文異義同。箋云：「予女以女而有士行者」，則失之纖巧矣。經文平易，殆不如是。

莊子山木篇：「一上一下，以和為量。」按：此本作「一下一上，以和為量，」上與量為韻；今作一上一下，失其韻矣。秋水篇：「無東無西，始於元冥，反於大通。」「上下」「東西」，人所恆言，後人口耳習熟，妄改古書，由不知古人倒文協韻之例耳。莊子原文本作「無西無東」，東與通為韻也。王氏念孫已訂正。

古書多韻語，故倒文協韻者甚多。淮南子原道篇：「無所左而無所右，蟠委錯紾，與萬物終始。」不言「始終」而言「終始」，始與右為韻也。文選鵩鳥賦：「怵迫之徒，或趨西

東；大人不曲，意變齊同。」不言「東西」而言「西東」，東與同爲韻也。後人不達此例而
好以意改，往往失其韻矣。

十四　變文協韻例

古人之文，更有變文以協韻者。詩邶風柏舟篇：「母也天只，不諒人只。」傳曰：「天，
謂父也。」正義曰：「先母後天者，取其韻句耳。」按：「母」則直曰「母」，而「父」則
稱之爲「天」，此變文協韻之例也。

蓼莪篇：「既見君子，爲龍爲光。」按：光者，日也。周易說卦傳：「離爲日。」而虞
注於未濟六五及夬象傳並云：「離爲光。」於需象辭則曰：「離日爲光。」是日與光義得相
通。文選張孟陽七哀詩注：「朱光，日也。」陸士衡演連珠注曰：「重光，日也。」詞賦家
以日爲光，本經義也。「爲龍爲光」，猶云「爲龍爲日」。龍與日，並人君之象。賈子容經
篇曰：「龍也者，人主之譬也。」尸子曰：「日五色，陽之精，君德也。」是龍、日爲君象，
古有此義。此言遠國之君朝見於天子，故曰：「既見君子，爲龍爲光，」並以天子言。不言
「爲龍爲日」，而曰「爲龍爲光」，亦變文以協韻耳。傳訓龍爲「寵」，則已不得其義矣。

周易亦多用韻之文，亦有變文協韻者。如小畜：「上九，旣雨旣處。」按：處者，止也。

說文几部：「処，止也。」処，卽處字。故毛傳於江有氾篇、鳲鳩篇，竝曰：「處，止也。」

「旣雨旣處」者，「旣雨旣止」也。止，謂雨止也。不曰「旣雨旣止」，而曰「旣雨旣處」，

變文以協韻也。正義以「得其處」釋之，則與旣雨之文不倫矣。

十五　古人行文不嫌疏略例

儀禮聘禮篇：「上介出請入告。」鄭注曰：「於此言之者，賓彌尊，事彌錄。」據注，知聘賓所至，上介皆有「出請入告」之事，而上文不言，是古人行文不嫌疏略也；必一一載之簡策，則累牘而不能盡矣。乃古人不言，後人亦遂不知，即儀禮一經疏略之處，鄭君亦有未能見及者，後人讀書鹵莽，更無論矣。今舉數事見例：

聘禮：「乃入陳幣於朝，西上。」注曰：「其禮於君者不陳。」按：鄭見此經所陳，止有上賓之公幣私幣及上介之公幣，而無禮於君之幣，故曰「禮於君者不陳」。下文「執賄幣以告」，注曰：「賄幣在外也。」若然，則當有出取之事，何以無文乎？今以下文「上介執璋」例之，知賄幣乃衆介奉之以入；上介授璋後，衆介從而授幣，故使者得執之以告也。經略而不言，鄭君亦遂不知矣。

聘禮記：「籩有蓋冪。」〔一〕注曰：「稻粱將食乃設，去會於房。」按：鄭以經文公設

粱後，其下卽云：「左擁簠梁，」不見有卻會事，故爲此說。不知六簋乃宰夫所設，故宰夫爲

卻會；若簠則公親設之，公尊，不爲卻會，賓將食自卻之。經云：「賓卒食，會飯。」以卒食後

賓自加會，知將食時賓自卻會也。經文略而不言，鄭君亦遂不知，幷會飯之義而失之矣。

士虞禮記：「祝從，啓牖、鄉如初。」按：「鄉」者，北出牖也。「啓

牖」亦「啓鄉」也。上文「祝闔牖戶」，不言鄉，是疏略之處。鄭注此句，因云「鄉、牖一

名也」，然則記人何必言「牖」又言「鄉」乎？

特牲饋食禮：「酢如主人儀。」注曰：「不易爵，辟內子。」按：尸酢主婦，無不易爵

者，此不言易爵，疏略耳。又曰：「尸謖祝前。」按：「尸謖」上當有「祝入」二

字，旣夕篇：「祝入尸謖，」是其例也。蓋祝出告利成後，必復入，以爲尸謖之節。此不言

者，疏略。禮經若此類，不可勝舉。

襄二年左傳：「以索馬牛皆百匹。」正義曰：「司馬法：丘出馬一匹，牛三頭。」則牛當

稱頭而亦云匹者，因馬而名牛曰匹，幷言之耳。經傳之文，此類多矣。易繫辭云：「潤之以

〔一〕按此句見儀禮公食大夫禮；作聘禮，誤。——校點者

風雨。一論語云：「沽酒市脯不食。」玉藻云：「大夫不得造車馬。」——皆從一而省文也。

按：此亦古人行文不嫌疏略之證。使後人爲之，必一一爲之辭：曰「以索馬百匹，索牛百頭。」

曰「沽酒不飲，市脯不食。」此文之所以曰繁也。

十六　古人行文不避繁複例

古人行文，亦有不避繁複者。孟子梁惠王篇：「故王之不王，非挾泰山以超北海之類也；

王之不王，是折枝之類也。」離婁篇：「瞽瞍底豫而天下化，瞽瞍底豫而天下之爲父子者定。」

兩「王之不王」，兩「瞽瞍底豫」，若省其一，讀之便索然矣。

周易繫辭傳：「言天下之至賾而不可惡也，言天下之至賾而不可亂也；擬之而後言，議

之後動。」鄭所據本如此，見釋文；虞本亦如此，見集解：此古本也。兩言「天下之至賾」，

句似複而非複。乃鄭於下句云：「賾當爲動，」虞亦云：「動舊誤作賾，」則鄭、虞猶未解此。

孔穎達謂「以文勢上下言之，宜云至動而不可亂也，」更無足怪矣。所謂「以上下文勢言」

者，徒見上文「賾」與「動」對舉，故云然耳。其實此文「不可惡」，「不可亂」，專承「天

下之賾」而言。下文「擬之而後言」，「議之而後動」，然後覆說「動」字。

管子權修篇：「凡牧民者，欲民之正也。欲民之正，則微邪不可不禁也。微邪者，大邪之所生也。微邪不禁而求大邪之無傷國，不可得也。凡牧民者，欲民之有禮也。欲民之有禮，則小禮不可不謹也。小禮不謹於國，而求百姓之行大禮，不可得也。凡牧民者，欲民之有義也。欲民之有義，則小義不可不行。小義不行於國，而求百姓之行大義，不可得也。凡牧民者，欲民之有廉也。欲民之有廉，則小廉不可不修也。小廉不修於國，而求百姓之行大廉，不可得也。凡牧民者，欲民之有恥也。欲民之有恥，則小恥不可不飾也。小恥不飾於國，而求百姓之行大恥，不可得也。凡牧民者，欲民之修小禮，行小義，飾小廉，謹小恥，禁微邪，此厲民之道也。」按：此一段之中，疊用「凡牧民者」句，文繁語複，使今人爲之，則芟薙者過半矣。

墨子尙賢、尙同、兼愛，各分上、中、下三篇，而文字相同者居半。此亦古人不嫌繁複之證，文繁不具錄。

十七　語急例

古人語急，故有以「如」爲「不如」者。隱元年公羊傳：「如勿與而已矣。」注曰

「如，卽不如」是也。有以「敢」爲「不敢」者。莊二十二年左傳：「敢辱高位。」注曰：「敢，不敢也。」是也。詳見日知錄三十二。

詩君子偕老篇：「是紲袢也。」毛傳曰：「是當暑袢延之服也。」然則「袢」卽「袢延」也。論語先進篇：「由也喭。」鄭注曰：「子路之行，失於畔喭。」然則「喭」卽「畔喭」也，竝古人語急而省也。

雍也篇：「君子博學於文，約之以禮，亦可以弗畔矣夫。」「畔」亦卽「畔喭」也。畔、喭本疊韻字，急言之，則或曰「喭」，「由也喭」是也；或曰「畔」，「亦可以弗畔矣夫」是也。鄭注曰：「弗畔，不違道。」殆未免乎知二五而不知十矣。

禮記曲禮篇：「爲大夫累之。」按：「累之」猶「解之」也。累、解本疊韻字。荀子富國篇：「則和調累解。」累、解二字同義，猶和、調二字亦同義，古語如此，楊倞注非也。緩言之曰「累解」，急言則止曰「累」矣。鄭注曰：「累，倮也。謂不巾覆也。」然不巾覆者，大夫至庶人所同，何獨於大夫言之乎？

十八　語緩例

古人語急，則二字可縮爲一字；語緩，則一字可引爲數字。襄三十一年左傳：「繕完葺牆以待賓客。」急言之，則止是「葺牆以待賓客」耳。乃以「葺」上更加「繕完」二字，唐李浩刊誤遂疑「完」字當作「宇」矣。昭十六年左傳：「庸次比耦，以艾殺此地。」急言之，則是「比耦以艾殺此地」耳。乃以「比」上更加「庸次」二字，杜注遂訓爲用次更相從耦耕矣。皆由不達古人語例故也。按方言曰：「庸、恣、比、㑊、更、迭，代也。」庸、恣、比三字，卽本左傳。恣與次通。

尚書牧誓篇：「王朝至于商郊牧野。」按：郊牧野者，爾雅所謂邑外謂之郊，郊外謂之牧，牧外謂之野也。枚傳云：「至牧地而誓衆，」則但謂之「商牧」可矣。國語曰：「庶民弗忍，欣戴武王，以致戎于商牧。」是其正名也。乃連郊野言之，曰「郊牧野」；又或連野言之，曰「牧野」。詩曰：「牧野洋洋」是也。此皆古人語緩，故不嫌辭費。

十九　一人之辭而加曰字例

凡問答之辭，必用「曰」字，紀載之恆例也。乃有一人之辭中加「曰」字自爲問答者，此則變例矣。論語陽貨篇：「『懷其寶而迷其邦，可謂仁乎？』曰『不可』。『好從事而亟

失時，可謂知乎？」曰『不可』。」兩「曰」字仍是陽貨語；直至「孔子曰諾」，始爲孔子

語。史記留侯世家：「『昔者湯伐桀而封其後於杞者，度能制桀之死命也；今陛下能制項籍

之死命乎？」曰，『未能也。其不可一也。』『武王伐紂封其後於宋者，度能得紂之頭也；

今陛下能得項籍之頭乎？」曰，『未能也。其不可二也。』」此下凡「不可者」七，皆子房

自問自答；至漢王輟食吐哺罵曰，「豎儒！」始爲漢王語，與論語文法正同。說本閻氏四書釋

地。按：記人於下文特著「孔子曰」，則上文兩「曰不可」，非孔子語明矣。前人皆未見及，

閻氏此論，昭然發千古之矇。

　孟子告子篇：「『爲是其智弗若與？』曰『非然也。』」此自問自答之辭。盡心篇：「『子

以是爲竊屨來與？』曰『殆非也』。」亦自問自答之辭。乃趙氏誤以此「曰」字爲「館人」，

後人因并以下文數語，皆爲館人之言；而經文「夫予」字，遂誤作「夫子」，不得謂非趙氏

有以啓之矣。

　亦有非自問自答之辭，而中閒又用「曰」字以別更端之語者。禮記檀弓篇：「公瞿然失席

曰：『是寡人之罪也！』」曰：『寡人嘗學斷斯獄矣！』」哀十六年左傳：「乞曰：『不可得

也。」曰：『市南有熊宜僚者，若得之，可以當五百人矣。』」論語憲問篇：「子曰：『若

滅武仲之知，公綽之不欲，卞莊子之勇，冉求之藝，文之以禮樂，亦可以爲成人矣。』曰：『今之成人者何必然。』」微子篇：「齊景公待孔子曰：『若季氏則吾不能，以季孟之閒待之。』曰：『吾老矣，不能用也。』」皆加「曰」字，以別更端之語也。

楊子法言學行篇：「或曰：『顏徒易乎？』曰：『睎之則是。』曰：『昔顏嘗睎夫子矣，正考甫常睎尹吉甫矣，公子奚斯嘗睎正考甫矣；不欲睎則已矣，如欲睎，孰禦焉？』」按：「睎之則是」上已有「曰」字，而其下又有「曰」字，明世德堂本遂刪去上「曰」字。然「睎之則是」，乃答語而非問詞，上「曰」字不可刪，下「曰」字當移在「正考甫」句上。楊子既告之曰「睎之則是，昔顏嘗睎夫子矣。」又恐或人疑「夫子大聖，非人所能睎，」故又舉正考甫、公子奚斯以曉之，正以小見大，以淺見深也；若其間無「曰」字以別更端，則漫無主賓之辨矣。淺人以三句平列，而移「曰」字於「睎之則是」之下，又以兩「曰」字疊用而刪上「曰」字，皆不達古書之例者也。

二十　兩人之辭而省曰字例

一人之辭自爲問答，則用「曰」字；乃有兩人問答，因語氣相承，誦之易曉，而「曰」

字從省不書者。如論語陽貨篇：「子曰：『由也，女聞六言六蔽矣乎？』對曰：『未也。』」「居，吾語女！」乃夫子之言，而即承「對曰未也」之下，無「子曰」字。「子曰：『食夫稻，衣夫錦，於女安乎？』曰：『安。』『女安，則爲之。』」「女安，則爲之」，乃夫子之言，而即承「曰安」之下，無「子曰」字。孟子書如此者尤多。「臣請爲王言樂！」孟子之言也，而無「曰」字。「敢問何謂浩然之氣？」公孫丑之言也，而無「曰」字。文義易明，故省之也。「然則子之失伍也亦多矣！」「然則治天下獨可耕且爲與？」「然則犬之性猶牛之性，牛之性猶人之性與？」句上皆無「曰」字，文勢易見，故省之也。乃亦有因省「曰」字致失其義者。公孫丑篇：「季孫曰：『異哉』！子叔疑。」二子，孟子弟子。「使己爲政，不用，則亦已矣」以下，乃孟子解二子之異意疑心，趙注甚明。因「使己爲政」上省一「曰」字，後儒遂生異說，以此一節皆爲季孫之言，失之甚矣。滕文公篇：「周霄問曰：『古之君子仕乎？』孟子曰：『仕』。」一言足矣，無事繁稱博引也。「傳曰」、「公明儀曰」，皆周霄所引以爲發問之地；蓋周霄意中先有此兩說，故竝引之；而先以「三月無君則弔」爲問，又以「出疆必載質」爲問也。因省「曰」字，讀者不能辨別，遂以「傳曰」、「公明儀曰」兩說皆孟子所徵引，失之甚矣。

禮記檀弓篇：「悼公之喪，季昭子問於孟敬子曰：『爲君何食？』敬子曰：『食粥，天下之達禮也。』『吾三臣者之不能居公室也，四方莫不聞矣。勉而爲瘠，則吾能，毋乃使人疑夫不以情居瘠者乎哉？吾則食食。』」此文自「吾三臣者」以下，又爲季昭子之言；蓋敬子所答，自是正論，昭子不欲從之，故有此說。因中閒省一「曰」字，遂若皆孟敬子之言者。敬子知問曾子之疾，獲聞君子之道，何至無忌憚若此？李氏惇作羣經識小，始辨正之。

二十一　文具於前而略於後例

詩大叔于田篇：「叔善射忌，又良御忌。」其下云：「抑釋掤忌，抑鬯弓忌，」則專承良御而言。「叔馬慢忌，叔發罕忌。」其下云：「抑磬控忌，抑縱送忌，」則專承叔發罕忌而言。文具於前而略於後也。毛傳曰：「騁馬曰磬，止馬曰控，發矢曰縱，從禽曰送。」按：磬、控雙聲，縱、送疊韻。凡雙聲疊韻之字，皆無二義，傳以一字爲一義。發矢從禽與騁馬止馬，又不一例，傳義失之。磬、控、縱、送，皆以御言。磬，即控也，言止馬也；送，即縱也，言騁馬也。

板篇：「天之牖民，如壎如篪，如璋如圭，如取如攜；攜無曰益，牖民孔易。」按：「攜

無曰益」，承上四句而言。益與隘通，言天之牖民，如壎篪之相和，如璋圭之相合，如取攜

之必從；無曰「有所阻隘也」，牖民乃孔易耳。因上疊句成文，累言之則於文不便，故止承

攜而言曰，「攜無曰益，」亦文之具於前而略於後者也。鄭箋未得其義。

後從省略，乃知古人止取意足，辭不必備也。荀子彊國篇曰：「力術止，義術行，曷謂也？」

夫詩人之詞，限於字句，具前略後，固所宜也。乃有行文之體，初無限制，而前所羅陳，

曰：「秦之謂也。」『威彊乎湯、武，廣大乎舜、禹，然而憂患不可勝校也，諰諰然常恐天

下之一合而軋己也。」此所謂力術止也。』『曷謂威彊乎湯、武？』『湯、武也者，乃能使說己

者使耳。今楚父，死焉，國舉焉，負三王之廟而辟於陳、蔡之閒，視可司閒，案欲剡其脛而

以蹈秦之腹，然而秦使左案左，使右案右，是乃使讎人役也。此所謂威彊乎湯、武也。』『曷

謂廣大乎舜、禹也？』曰：『古者百王之一天下，臣諸侯，未有過封內千里者也。今秦，南乃

有沙羨與俱，是乃江南；北與胡貉爲鄰；西有巴戎；東在楚者乃盼於齊；在韓者踰常山，乃

有臨慮；在魏者乃據圍津，即去大梁百有二十里耳；在趙者剡然有苓而據松柏之塞，負西海

而固常山：是地偏天下也。此所謂廣大乎舜、禹也。威動海內，彊殆中國，然而憂患不可勝

校也，諰諰然常恐天下之一合而軋己也。」』按：此文前以「威彊乎湯、武，廣大乎舜、禹」

兩句提綱，中閒又作兩段申說，而後云「威動海內，彊殆中國」，則止承威彊而言，不及廣大，是文具於前而略於後也。荀子此文，傳寫舊有錯誤，余作諸子平議已訂正之，茲不具論。

　斯例也，孔子傳易即已有之。同人象傳：「同人之先，以中直也。」王氏引之曰：「同人之先，謂同人之先號咷而後笑也。先者，有後之辭也，言先而後見矣。隨：『六二，係小子，失丈夫。』傳則曰『係丈夫』，而省失小子之文；『六三，係丈夫，失小子。』傳則但曰『係小子』，而省失丈夫之文。今以王氏之說推之：乾：『九三，君子終日乾乾，夕惕，若厲无咎。』傳則但曰『終日乾乾』。坤：『六四，括囊，无咎无譽。』傳則但曰『括囊无咎』。蒙：『初六，發蒙，利用刑人，用說桎梏。』傳則但曰『利用刑人』。泰：『九三，无平不陂，无往不復。』傳則但曰『无往不復』。隨：『上六，拘係之，乃從維之。』傳則但曰『拘係之』。无妄：『六三，不耕穫，不菑畬。』傳則但曰『不耕穫』。離：『九四，突如其來如，焚如，死如，棄如。』傳則但曰『突如其來如』。鼎：『六五，鼎黃耳金鉉。』傳則但曰『鼎黃耳』。歸妹：『上六，女承筐无實，士刲羊无血。』傳則但曰『上六无實』。中孚：『六三，得敵，或鼓或罷，或泣或歌。』傳則但曰『或鼓或罷』。竝文具於前而略於後者也。

僖十九年穀梁傳：「梁亡，自亡也。湎於酒，淫於色，心昏耳目塞，上無正長之治，大臣背叛，民爲寇盜。梁亡，自亡也；如加力役焉，湎不足道也。」范注曰：「如使伐之而滅亡，則淫湎不足記也。」按：上文已備列梁所以亡之故，使下文必一一言之，則累於辭矣。故曰：「湎不足道也。」止以一湎字該之，亦具於前而略於後也。

二十二　文沒於前而見於後例

古人之文，又有沒其文於前，而見其義於後者。書微子篇：「我祖底遂陳于上，我用沈酗于酒，用亂敗厥德于下。」按：「底遂陳于上」，蓋以德言，紂所亂敗者，即湯所底遂而陳者也。德字見於後而沒於前，枚傳不達其義，乃曰「致遂其功，陳列于上世」，則上句增出「功」字矣。國語晉語：「鄢陵之役，荊壓晉軍，軍吏患之，將謀。范匄自公族趨過之，曰：『夷竈湮井，非退而何？』」按：楚壓晉而陣，晉無以爲戰地，軍吏將謀者，蓋謀退也。范匄爲夷竈湮井之計，非畏楚而退，乃欲少退使有戰地耳。然軍勢一動，不可復止，必有潰敗之憂。范匄爲夷竈湮井之計，則不必退而自有戰地，乃不退之退也。故曰：「非退而何？」」「退」字見於後而沒於前，韋注不達其義，乃曰：「平塞井竈，示必死，楚必退，」則文義不合矣。

詩生民篇：「誕寘之隘巷，牛羊腓字之；誕寘之平林，會伐平林；誕寘之寒冰，鳥覆翼之；鳥乃去矣，后稷呱矣。」按：后稷所以見棄之故，千古一大疑，而不知詩人固明言之，蓋在「后稷呱矣」一句。夫至鳥去之後，后稷始呱，則前此者未嘗呱也。凡人始生，無不呱呱而泣。后稷生而不呱，是其異也。於是人情駭怪，歛欲棄之於隘巷、於平林、於寒冰，愈棄愈遠亦愈險，聖人不死，昭然可見。而后稷亦既呱矣，遂收而養之，命之曰棄，志異也。詩人歌詠其事，初不言見棄之由，蓋沒其文於前而著其義於後，此正古人文字之奇也。後人不達，而異義橫生矣。

禮記曲禮篇：「五官之長曰伯，其擯於天子也，曰天子之吏，天子謂之伯父，異姓謂之伯舅。」又曰：「九州之長，入天子之國曰牧，天子謂之叔父，異姓謂之叔舅。」按陸氏德明作音義所據本如此，乃古本也。「天子謂之伯父」，「天子謂之叔父」，皆言同姓之國，而記文無同姓二字；蓋下文既別言異姓，則此為同姓，不待言矣。亦沒於前而著於後者也。淺人不達，誤加同姓二字，殊非其舊矣。

文二年左傳：「於是夏父弗忌為宗伯，尊僖公。」初不及臧文仲；後乃引孔子之言，以臧

文仲縱逆祀爲三不知之一，則知夏父弗忌之躋僖公，實臧文仲爲之也。孟子梁惠王篇，魯

平公將見孟子。　初不言由於樂正子；後乃載樂正子之言曰：「克告於君，君爲來見也，」

則知魯平公之就見孟子，樂正子爲之也。凡此皆沒於前而見於後也。　禮記檀弓篇：「晉獻公

之喪，秦穆公使人弔公子重耳，」不言使人爲何人；下文云：「子顯以致命於穆公，」則知

使者之爲子顯矣。　孟子公孫丑篇：「孟子之平陸，謂其大夫曰，」不言平陸大夫爲何人；下

文云：「王之爲都者，臣知五人焉，」知其罪者惟孔距心。」則知平陸大夫爲孔距心矣。雖人

之名字亦沒於前而見於後，尤極文字之奇矣。

二十三　蒙上文而省例

古人之文，有蒙上而省者。尚書禹貢篇：「終南、惇物，至於鳥鼠。」正義曰：「三山

空舉山名，不言治意，蒙上既旅之文也。」是其例也。又，「導岍及岐，至于荊山。」正義

曰：「從此導岍至敷淺原，舊說以爲三條：導岍北條，西傾中條，嶓冢南條。鄭玄以爲四列：

導岍爲陰列，西傾爲次陰列，嶓冢爲次陽列，岷山爲正陽列。」今以經文求之，鄭說爲是。

導岍言導，西傾不言導；導嶓冢言導，岷山不言導。蓋兩陽列，兩陰列，各一言導；次陰列，

蒙陰列而省;，正陽列，蒙次陽列而省也。

禮記玉藻篇：「君羔幦虎犆，大夫齊車，鹿幦豹犆，朝車。」此言人君羔幦虎犆之車，大夫以爲齊車;，人君鹿幦豹直之車，大夫以爲朝車也。「鹿幦」上亦當有「君」字，「朝車」上亦當有「大夫」字，蒙上而省也。下云「士齊車，鹿幦豹犆，」則自言士制，不蒙此文。鄭誤以「大夫齊車」至「士齊車鹿幦豹犆」爲一節，爲之說曰：「臣之朝車與齊車同飾。」然則但曰「大夫士齊車朝車鹿幦豹犆，」豈不簡而易明乎？定四年左傳：「楚人爲食，吳人及之。奔，食而從之。」此文「奔」字一字爲句，言楚人奔也。「食而從之」上當有「吳人」字，「食而從之」四字爲句，言吳人食楚人之食，食畢而遂從之也。「奔」上當有「楚人」字，蒙上而省也。杜注曰「奔食，食者走」，則「奔食」二字，文不成義矣。

二十四　探下文而省例

夫兩文相承，蒙上而省，此行文之恆也。乃有逆探下文而預省上字，此則爲例更變，而古書亦往往有之。舜典：「舜生三十徵庸，三十在位，五十載。」因下句有「載」字，而上二句皆不言「載」。孟子滕文公篇：「夏后氏五十而貢，殷人七十而助，周人百畝而徹。」因

下句有「畝」字，而上二句皆不言「畝」，是探下文而省者也。詩七月篇：「七月在野，八
月在宇，九月在戶，十月蟋蟀入我牀下。」鄭箋云：自「七月在野」至「十月入我牀下」，
皆謂蟋蟀也。按：此亦探下文而省，初無意義。正義曰：「退蟋蟀之文在十月之下者，以人之
牀下非蟲所當入，故以蟲名附十月之下，所以婉其文也。」斯曲說矣。牀下既非蟲所當入，
何反以蟲名附十月之下乎？

大戴記本命篇：「故男以八月而生齒，八歲而毀齒，一陰一陽，然後成道；二八十六，
然後精通，然後其施行。女七月生齒，七歲而毀，二七十四，然後其化成，合於三也，小節
也。中古男三十而娶，女二十而嫁，合於五也，中節也。太古男五十而室，女三十而嫁，備
於三五，合於八十也。」按：合於三不言三十，合於五不言五十，皆因「合於八十」句有十
字而省也。孔氏廣森作補注，乃刪去「十」字，止作「合於八也」，蓋未達古書之例。

二十五　舉此以見彼例

孔子曰：「舉一隅不以三隅反，則不復也。」是以古書之文，往往有舉此以見彼者。禮
記王制篇：「大國之卿不過三命，下卿再命，小國之卿與下大夫一命。」鄭注曰：「不著次

國之卿者，以大國之下互明之。

大國下卿再命，則知次國下卿一命，故云互明之。」又，〈喪大記篇〉：「復者朝服，君以卷，

夫人以屈狄。」〈鄭注曰〉：「君以卷，謂上公也。夫人以屈狄，互言耳。上公以衰，則夫人用

禕衣；而侯、伯以鷩，子男以毳，其夫人乃用屈狄矣。」〈正義曰〉：「男子舉

上公，婦人舉子男之妻；男子舉上以見下，婦人舉下以見上：是互言也。」又，〈祭法篇〉：「燔

柴於泰壇，祭天也。瘞埋於泰折，祭地也。用騂犢。」〈鄭注曰〉：「地陰祀用黝牲，與天俱用犢，

連言爾。」〈正義曰〉：「祭地承祭天之下，故連言用騂犢也。」凡此之類，皆是舉此以見彼，

學者所當以三隅反者也。

顧氏炎武〈日知錄曰〉：「以紂爲弟，且以爲君，而有微子啓；以紂爲兄之子，且以爲君，

而有王子比干。竝言之則於文有所不便，故舉此以該彼，此古人文章之善。且如郊社之禮，

所以事上帝也，不言后土；地道无成而代有終也，不言臣妻；先王居檮杌於四裔，不言渾

敦、窮奇、饕餮。後之讀書者，不待子貢之明，亦當聞一以知二矣。」

錢氏大昕〈養新錄曰〉：「古人著書，舉一可以反三，故文簡而義無不該。姑卽許氏說文言

之：木，東方之行；金，西方之行；火，南方之行；水，北方之行；則土爲中央之行可知也。

鹹，北方味也，而酸、苦、辛、甘皆不言方。霧，水音也，而宮、商、徵、角皆不言音。青，東方色也；赤，南方色也；白，西方色也；而黑不言北方。黃，地之色也；而玄，不言天之色。鐘，秋分之音；鼓，春分之音；管，十二月之音；而不餘月。龍，鱗蟲之長；而毛羽、介蟲之長不言。皆舉一以見例，非有遺漏也。」

昭四年左傳：「左師獻公公合諸侯之禮六，子產獻伯、子、男會公之禮六。」其曰公者，蓋兼侯而言。「公合諸侯」，謂公、侯合伯、子、男也。「伯、子、男會公」，謂伯、子、男會公，侯也。哀十三年傳：「伯合諸侯，則侯帥子、男以見於伯。」此「伯」字，杜注謂「諸侯長」，非五等之伯。其曰「侯」者，蓋兼公而言；其曰「子、男」者，蓋兼伯而言：謂公、侯帥伯、子、男以見於伯也。古者公、侯為一等，伯、子、男為一等；故舉公可以兼侯，舉侯可以兼公，舉子、男可以兼伯：亦舉此以見彼之例也。

二十六　因此以及彼例

古人之文，省者極省，繁者極繁，省則有舉此見彼者矣，繁則有因此及彼者矣。日知錄曰：「古人之辭，寬緩不迫。得失，失也。史記刺客傳：『多人，不能無生得失。』利害，害也。史記吳王濞傳：『擅兵而別，多佗利害。』緩急，急也。史記倉公傳：『緩急無可使者。』游俠傳：『緩急人所時有也。』成敗，敗也。後漢書何進傳：『先帝嘗與太后不快，幾至成敗。』同異，異也。吳志孫皓傳注：『蕩異同如反掌。』晉書王彬傳：『江州當人強盛時，能立異同。』嬴縮，縮也。吳志諸葛恪傳：『一朝嬴縮，人情萬端。』禍福，禍也。晉歐陽建臨終詩：『成此禍福端。』按：此皆因此及彼之辭，古書往往有之。禮記文王世子篇：『養老幼於東序，』因老而及幼，非謂養老兼養幼也。玉藻篇：『大夫不得造車馬，』因車而及馬，非謂造車兼造馬也。

禮記雜記篇：『為妻，父母在，不杖不稽顙。』正義曰：「按喪服云：『大夫為適婦，為喪主。』父為己婦之主，故父在不敢為婦杖；若父沒母在，不為適婦之主，所以母在不杖者，以父母尊同，因父而連言母。」然則因此及彼，經固有此例矣。喪服小記篇：「生不及祖父母諸父昆弟，而父稅喪，己則否。」按：己生之年所不及者，安得有弟？王氏以為諸父之昆弟，則「諸父」二字足以包之，何必曰「諸父昆弟」乎？劉氏、蔡氏以弟為衍文，庾氏又曲為之說，謂「死者為昆，己為弟」，不知昆弟親同，因昆而連言弟，亦猶父母尊同，因父而連言母耳。不達古書之例，難以說經矣。

說文女部：「妻之女弟同出爲姨。」按周易渙：「六四，匪夷所思。」釋文曰：「夷，

荀本作弟。」又，明夷：「六二，夷於左股。」釋文曰：「夷，子夏本作『睇』，又作『眱』。」

然則女弟謂之姨，正以聲近而義通。爾雅釋親曰：「妻之姊妹同出爲姨。」此蓋因妹而連言

姊也。

昭十三年左傳：「鄭，伯男也。」正義曰：「周語云：『鄭，伯男也，王而卑之，是不

尊貴也。』」王肅注此與彼，皆云『鄭，伯爵而連男言之，足句辭也。』」按：王說得之。鄭

衆、服虔云鄭在男服，賈逵云男當作南，謂南面之君：竝曲說耳。

管子禁藏篇：「外內薇塞，可以成敗。」按：此欲其敗，非欲其成，而曰「可以成敗」，

乃因敗而連言成也。王氏讀書雜志謂成當爲或，非是。

卷三

二十七　古書傳述亦有異同例

古曰在昔，昔曰先民，蓋古人之書，亦未必不更本於古也。然其傳述或有異同，不必盡如原本。閻氏若璩四書釋地曰：「論語杞、宋竝不足徵，中庸易其文曰『有宋存』。孔子世家言：『伯魚生伋，字子思，嘗困于宋。子思作中庸。』中庸既作於宋，易其文殆為宋諱乎？且爾時杞既亡而宋獨存，易之亦與事實合。」按閻氏此論，可謂入微，蓄疑十年，為之冰釋。至宋氏翔鳳附會公羊家說，黜杞而存宋，雖亦巧合，然以本文語氣求之，疑未必然也。

管子小匡篇：「其相曰夷吾，大夫曰甯戚、隰朋、賓胥無、鮑叔牙，用此五子者何功？」按：「五子」當作「四子」，淺人見上有五人而改易其數，不知非作書者之意也。此本國語齊語之文。其文曰：「惟能用管夷吾、甯戚、隰朋、賓須無、鮑叔牙之屬而伯功立。」此是齊國史記所載，乃當時公論也。小匡一篇，多與齊語同，蓋管氏之徒刺取國史以為家乘，於是更易其文，專美夷吾。明桓公之霸，由其相夷吾，若用此四子，何功之有？下文曰：「則

唯有明君在上，察相在下也。」正見齊桓明君，夷吾察相，相得而成，非由此四子也。以〈齊

語〉參校，改易之迹顯然矣。

列子黃帝篇：「是殆見吾衡氣幾也。鯢旋之潘爲淵，止水之潘爲淵，流水之潘爲淵，濫

水之潘爲淵，沃水之潘爲淵，沈水之潘爲淵，雍水之潘爲淵，汧水之潘爲淵，肥水之潘爲淵，

是爲九淵，嘗又與來。」按上文：「是殆見吾杜德幾也，嘗又與來。」又曰：「是殆見吾善

者幾也，嘗又與來。」而此文「是殆見吾衡氣幾也」下乃羅列九淵，不特全無意義，且於

文氣亦隔絕矣。疑此五十八字，乃它處之錯簡。〈莊子應帝王篇〉，即用此篇文，止列首三句，

而總之曰「淵有九名，此處三焉。」蓋以其與本篇文義無關，而古本相傳，又不敢竟從芟薙，

姑存大略耳。此亦古人述古之一例也。

〈禮記月令篇〉：「孟春行夏令，則雨水不時。」按：仲春之月始雨水，則孟春之月而雨

水，即爲不時矣。漢太初以後，更改氣名，以雨水屬正月，正月雨水，不復爲異。故〈呂氏春

秋孟春紀〉、〈淮南子時則篇〉，竝作「風雨不時」，此太初以後人所追改，以合本朝之制者

也。

國語魯語齊孝公來伐章曰：「昔者成王命我先君周文公〔二〕及齊先君太公曰：「女股肱

周室，以夾輔先王。』」按：曰齊先君太公者，別於魯先君太公也。魯亦自有太公，卽伯禽

是也。上文魯饋章「大懼殄周公、太公之命祀。」周公旦、太公伯禽，竝謂魯先君，蓋古始

封之祖，竝有太稱。說詳羣經平議。此云「齊先君太公」，正古人屬辭之密。左傳易其文曰：

「昔周公、太公，股肱周室，以夾輔成王。」則刪改原文而失其義矣。又韋昭注夾輔先王句曰：

「先王，武王也。」蓋此本成王之命，故美其夾輔武王之功；左傳易之曰「夾輔成王」，抑

又失其義矣。轉相傳述，非復元文，雖古書亦不能無此失也。

二十八　古人引書每有增減例

日知錄曰：「書泰誓：『受有億兆夷人，離心離德；予有亂臣十人，同心同德。』左傳引

之則曰：『太誓所謂商兆民離，周十人同者衆也。』淮南子：『舜釣於河濱，期年而漁者爭

處湍瀨，以曲隈深潭相與。』爾雅注引之則曰：『漁者不爭隈。』此皆略其文而用其意也。」

按：今泰誓僞書，卽因左傳語而爲之，不足據。然管子法禁篇引太誓曰：「紂有臣億萬人，亦

〔一〕按國語魯語：周文公作周公，無「文」字。——校點者

有億萬之心；武王有臣三千而一心。」則太誓原文詳而傳所引略，誠如顧氏說也。又按：後

漢書郅惲傳：「孟軻以彊其君之所不能爲忠，量其君之所不能爲賊」亦是略其文而用其意。

蓋古人引書，原不必規規然求合也。

孔叢子：孔臧與子琳書　引詩曰：「操斧伐柯，其則不遠。」

「昔周公戒魯侯曰：『無使大臣，怨何不以。』」晉書載記：苻離上書於苻堅曰：「詩曰：

『兄弟急難，朋友好合。』」又，律歷志：楊偉云：「孟軻所謂方寸之基，可使高於岑樓者

也。」宋書彭城王義康傳：「詩云：『兄弟雖闊，不廢親也。』」又，顧覬之傳：「丘明又

稱天之所支不可壞，天之所壞不可支。」南齊書蕭子良與孔中丞書：「孟子有云：『君王無

好智，君王無好勇。』」舊唐書孫伏伽傳：「論語：『一言出口，駟不及舌。』」又，崔

元亮傳：「孟軻有言：『眾人皆曰殺之，未可也。』」凡此皆用其意而略其文，詳見秀水沈氏

懷小篇。按東坡集上神宗皇帝書引書曰：「謀及卿士，至於庶人，翕然大同，乃底元吉，若

違多而從少，則靜吉而作凶。」此亦以意引經，北宋時人猶讀古書，其體裁有自也。

說文引詩，往往有合兩句爲一句者。如齊風雞鳴篇：「東方明矣，朝既昌矣。」日部引

作「東方昌矣」。大雅緜篇：「混夷駾矣，維其喙矣。」口部引作「犬夷呬矣」。——皆是

也。又酉部醺下，引詩「公尸來燕醺醺」。按：此亦合兩句爲一句者。今詩鳧鷖篇云：「公尸來止熏熏，旨酒欣欣。」熏熏欣欣，傳寫誤倒。本作「公尸來止欣欣，旨酒熏熏。」「熏熏」以旨酒言。猶下句「燔炙芬芬」，「芬芬」以燔炙言也。作「熏」者叚字，說文作「醺」者正字；觀其字從酉，可知其當在旨酒下也。乃觀毛傳所訓，是毛公作傳時已誤，宜近世治說文者莫能見及此矣。

禮記中庸篇：「衣錦尚絅。」正義曰：「詩本文云『衣錦褧衣』，此云『尚絅』者，斷絕詩文也。又俗本云：『衣錦褧裳。』」按：以俗本推之，古本禮記當作「衣錦絅尚」。「尚」者，「裳」之叚字。詩本文云：「衣錦褧衣，裳錦褧裳。」而記人撮舉其辭曰：「衣錦絅尚」，亦猶「東方昌矣」，「犬夷呬矣」之比。俗本「衣錦褧裳」，正是古本相傳之舊，但易叚字而爲本字耳。後人不知古人引經自有此例，又不通叚借，遂移「尚」字於「絅」字之上，於義不可通矣。

二十九　稱謂例

古人稱謂，或與今人不同，有以父名子者。左傳成十六年：「潘尫之黨」，襄廿三年

「申鮮虞之傅摯」是也。有以夫名妻者。左傳昭元年「武王邑姜」是也。竝見日知錄。今

漢書外戚傳：「孝宣王皇后父奉光封邛成侯，成帝即位，爲太皇太后，時成帝母亦姓王

氏，故世號太皇太后爲邛成太后，」亦以父名子也。漢書燕刺王旦傳：「且姊鄂邑蓋長公主。」

張晏曰：「蓋侯王信妻也。」師古曰：「當是信子頃侯充。」此亦以夫名妻也。

昭十二年左傳：「殺獻太子之傅庾皮之子過。」按：「子」字衍文，本作「庾皮之過」，

亦是以父名子之例。據釋文：「潘尫之黨，一本作潘尫之子黨；」申鮮虞之傅摯，本或作申鮮

虞之子傅摯。」蓋皆後人不達古人稱謂之例，而妄加之。

又有以母名女者。襄十九年左傳：「齊侯娶于魯曰顏懿姬，其姪鬷聲姬。」杜注曰：「顏、

鬷皆二姬母姓，因以爲號」是也。史記秦本紀：「申侯言於孝王曰：『昔我先驪山女。』」

正義曰：「申侯之先娶於驪山。」按：驪山女蓋娶於驪山所生之女，是亦以母名女也。

又有以子名母者。隱元年「惠公仲子」是也。穀梁傳曰：「禮赗人之母則可，赗人之妾

則不可，君子以其可辭受之。」蓋繁仲子於惠公，明周以其爲惠公之母而赗之，非以其爲孝

公之妾而赗之也，此春秋正名之義也。

至於禮經所稱，則有以事目其人者。特牲饋食禮：「三獻作止爵。」鄭注曰：「賓也，

謂三獻者以事命之」是也。下文「嗣舉奠盥入」。按：嗣、舉、奠三字連文。嗣子盥入，而

尸爲之舉鉶南所奠之爵，故卽命之曰「嗣舉奠」，亦以事目其人之例也。鄭注曰：「舉，猶

飲也，」則失其義矣。又，禮記：「王后褘衣，夫人揄狄，君命屈狄。」按：君命，謂世婦

也。下文云：「唯世婦命於奠繭。」此經不直曰「世婦屈狄」，而云「君命屈狄」者，若言世

婦屈狄，則是凡世婦皆得服之矣。故必曰「君命屈狄」，乃見世婦因奠繭而君命之，始得服

也。此亦以事目其人之例也。鄭注曰：「君，女君也。」又失其義矣。

禮記祭義篇：「易抱龜南面。」鄭注曰：「易，官名。」按：此亦以事目其人，非必官

名也。

三十　寓名例

史記萬石君傳：「長子建，次子甲，次子乙，次子慶。」甲、乙非名也，失其名而假以名

之也。漢書魏相傳：「中謁者趙堯舉春，李舜舉夏，兒湯舉秋，貢禹舉冬。」不應一時四人

同以堯、舜、禹、湯爲名，皆假以名之也。說詳日知錄。

莊、列之書多寓名，讀者以爲悠謬之談，不知古立言者自有此體也，雖論

語亦有之，長沮、桀溺是也。夫二子者間津且不告，豈復以姓名通於吾徒哉？特以下文各有

問答，故爲假設之名以別之：曰「沮」，曰「溺」，惜其沈淪而不返也。桀之言「傑然」也，

「長」與「桀」，指目其狀也。以爲二人之眞姓名，則泥矣。

孝經正義引劉炫述義曰：「炫謂孔子自作孝經，本非曾參請業而對也。夫子運偶陵遲，

禮樂崩壞，名敎將絕，特感聖心，因弟子有請問之道，師儒有敎誨之義，故假曾子之言，以

爲對揚之體，乃非曾子實有問也。若疑而始問，答以申辭，則曾子應每章一問，仲尼應每問

一答。按經，夫子先自言之，非參請也；諸章以次演之，非待問也。理有所極，方始發問，又非請業請答

而開宗題其端緒，餘音廣而成之，非一問一答之勢也。且辭義血脈，文連旨環，

之事。首章言『先王有至德要道』，則下章云『此之謂要道也，非至德其孰能順民？』皆遙

結首章答曾子也。（按答上疑奪非字）舉此爲例，凡有數科，必其主爲曾子言，首章答曾子已了，

何由不待曾子問，更自述而明之？且首起曾參侍坐，與之論孝，開宗明義，上陳天子，下陳

庶人，語盡無更端，於曾子未有請，故假參歎孝之大，又說以孝爲理之功；說之已終，欲言其

聖道莫大於孝，又假參問，乃說聖人之德不加於孝。在前論敬順之道，未有規諫之事，故須更

借曾子言陳諫諍之義。此皆孔子須參問，非參須問孔子也。莊周之斥鷃笑鵬，罔兩問影；屈

原之漁父、鼓枻、太卜、拂龜；馬卿之烏有、亡是；揚雄之翰林、子墨；寧非師祖製作，以

爲楷模者乎？」按：劉氏此論，最爲通達，然非博覽周、秦古書，通於聖賢著述之體，未有

不河漢斯言者矣。

三十一　以大名冠小名例

荀子正名篇曰：「物也者，大共名也；鳥獸也者，大別名也。」是正名百物，有共名別

名之殊。乃古人之文，則有舉大名而合之於小名，使二字成文者。如禮記言「魚鮪」，魚其

大名，鮪其小名也。左傳言「鳥烏」，鳥其大名，烏其小名也。孟子言「草芥」，草其大名，

芥其小名也。荀子言「禽犢」，禽其大名，犢其小名也。皆其例也。

禮記月令篇：「孟夏行春令，則蝗蟲爲災；仲冬行春令，則蝗蟲爲敗。」王氏引之曰：

「『蝗蟲』皆當爲『蟲蝗』。此言『蟲蝗』，猶上言『蟲螟』，後人不知而改爲『蝗蟲』，

謬矣。」按：上言「蟲」而下言「蝗」，上言「蟲」而下言「螟」，「蟲」，其大名也；「蝗、

螟」，其小名也。

中孚傳曰：「乘木舟虛也。」按正義引鄭注曰：「空大木爲之曰虛，總名皆曰舟。」然

則舟、虛竝言，舟其大名，虛其小名也。王注曰：「乘木於用舟之虛」，此說殊不了，輔嗣徒習清言，未達古義也。

爾雅釋獸：「麋牡麔牝麎，鹿牡麚牝麀。」秦風駟驖篇：「奉時辰牡。」「辰」卽「麎」之叚字，詩言「麎牡」，猶襄四年左傳言「麎牡也」。蓋以凡獸言之，則爲「牝牡」；專以麋言，則爲「麎麔」；專以鹿言，則爲「麀麚」。乃詩言「麎牡」，傳言「麀牡」。牡者通凡獸而言，其大名也；曰麎曰麀，專以麋、鹿言，其小名也。毛公傳詩，訓「辰」爲「時」，古語之不能通曉，自六國時已然矣。

三十二　以大名代小名例

古人之文，有舉大名以代小名者，後人讀之而不能解，每每失其義矣。儀禮既夕篇：「乃行禱于五祀。」鄭注曰：「盡孝子之情。五祀，博言之。士二祀：曰門，曰行。」推鄭君之意，蓋以所禱止門、行二祀，而曰「五祀」者，博言之耳。「五祀」，其大名也；「曰門，曰行」，其小名也。祀門、行而曰「五祀」，是以大名代小名也。賈疏曰：「今禱五祀，是廣博言之，望助之者衆。」則誤以爲眞禱五祀矣。

荀子正論篇：「雍而徹乎五祀。」楊注於「乎」字絕句，引「論語曰，『三家者以雍徹，』言其僭也。」劉氏台拱曰：「此當以『雍而徹乎五祀』爲句，謂徹乎竈也。『王卒食，以樂徹于造，』『造』『竈』古字通。大祝六祈：『二曰造。』故書『造』作『竈』，專言之則爲『竈』，連類言之則曰『五祀』，若謂丞相爲三公，左馮翊爲三輔也。一按：劉氏此說，深得古義，足證明鄭注博言之義矣。

三十三　以小名代大名例

春秋之例，通都大邑得以名通，則不繫以國，如楚丘不書衞，下陽不書虢是也。若小邑不得以名通，則但書其國而不書其地，如盟于宋，會于曹，必有所在之地；而其地小，名亦不著，書之史策，後世將不知其所在，故以國書之。此亦舉大名以代小名之例也。後儒說春秋，謂不地者即於其都也，失之。

又有舉小名以代大名者。詩采葛篇：「一日不見，如三秋兮。」三秋，即三歲也。歲有四時而獨言秋，是舉小名以代大名也。漢書東方朔傳：「年十三學書，三冬文史足用。」三冬，亦即三歲也。學書三歲而足用，故下云「十五學擊劍」也。注者不知其舉小名以代大名，乃泥冬字爲說云，「貧子冬日乃得學書，」失其旨矣。

呂氏春秋壅塞篇：「此戴氏之所以絕也。」按：此卽上文齊滅宋之事。戴氏爲宋公族，

孟子書有戴盈之、戴不勝，韓非子內儲說有戴驩爲宋太宰，蓋皆戴公之後，世執國柄，

與國同休戚者，宋亡則戴氏絕矣。不曰「此宋之所以亡也」，而曰「此戴氏之所以絕也，」

亦是以小名代大名之例。此句卽結上之辭，非別一事也。高誘注未達其旨。

三十四　以雙聲疊韻字代本字例

「集」與「就」雙聲，而詩小旻篇：「集」與「猶」、「咎」、「道」爲韻，是卽以「集」

爲「就」也。「戎」與「汝」雙聲，而詩常武篇：「戎」與「祖」「父」爲韻，是卽以「戎」

爲「汝」也。此以雙聲字代本字之例也。

尚書微子篇：「天毒降災荒殷國，」史記宋微子世家，作「天篤下災亡殷國」。篤者，

厚也。言天厚降災咎以亡殷國也。「篤」與「毒」，「亡」與「荒」，皆疊韻。此以疊韻字

代本字之例也。

詩天保篇：「君曰卜爾，萬壽無疆。」傳曰：「卜，予也。」楚茨篇：「卜爾百福，」

箋義亦同。按：「卜」之訓「予」，雖本爾雅，然其義絕遠。余嘗疑此「卜」字，即檀弓「卜

人師扶右」之「卜」，當讀為「僕」。僕者，古人自謙之稱，故訓「予」，與「台」「朕」「陽」

一例，非賜予之「予」也。毛、鄭以之說詩，殆未可從。大田篇：「秉畀炎火。」韓詩「秉

作「卜」。「卜」，報也。卜爾之「卜」，亦當訓「報」。卜爾者，報爾也。以雙聲字代本

字也。

夏小正：「黑鳥浴。」傳曰：「浴也者，飛乍高乍下也。」按：飛乍高乍下，何以謂之

浴，義不可通。「浴」者，「俗」之誤字。說文：「俗，習也。」黑鳥俗，即黑鳥習也。說文：

「習，數飛也。」傳所謂飛乍高乍下者，正合數飛之義。「俗」「習」雙聲，故即以俗字代習

字耳。

「夏」與「暇」疊韻。尚書多方篇：「天惟五年須暇之子孫。」暇即夏字，言天既降喪于

殷，以夏后氏有大功德于民，故以五年須待夏后氏之子孫，冀其克念作聖而作民主也。詩皇

矣篇鄭注引此經正作「須夏之子孫」，尚書以「暇」代「夏」，乃以疊韻字代本字。

「穀」與「祿」疊韻。禮記檀弓篇：「齊穀王姬之喪。」按：此王姬乃齊僖公之夫人，

魯莊公之外祖母，故下文有「或曰外祖母」之說。僖公名祿父，此云「齊穀」，猶云「齊祿」，

斥其名而繫以國，亦猶齊潘、齊環之比。齊穀王姬以夫名妻，亦猶武王邑姜之比，古人自有此稱也。不曰「齊祿」而曰「齊穀」，以疊韻字代本字也。鄭注曰，「穀當爲告，」失其義矣。古書多叚借，雙聲疊韻字之通用者，不可勝舉，略舉一二，以例其餘。

三十五　以讀若字代本字例

錢氏潛研堂集曰：「漢人言『讀若』者，皆文字叚借之例，不特寓其音，幷可通其字。即以說文言之，『鄦，讀若許，』詩，『不與我戍許，』春秋之許田許男，不必從邑從無也。『鄴，讀若薊，』禮記，『封黃帝之後於薊，』不必從邑從契也。『璹，讀若淑，』『璋大八寸謂之琡，』即『淑』之譌，不必從玉從壽也。『珣，讀若宣。』爾雅，『璧大六寸謂之瑄，』不必從玉從旬也。『赹，讀若煢，』詩，『獨行睘睘，』不必從走從勻也。『趉，讀若匐，』詩，『匍匐救之，』不必從走從出也。『孔，讀若戟，』春秋傳，『公戟其手，』不必作『孔』也。『櫷，讀若柅，』易，『繫於金柅，』不必改爲『櫷』也。『勼，讀若鳩，』書，『方鳩僝功，』不必改爲『勼』也。『惃，讀若疊，』詩，『莫不震疊，』不必改爲『惃』也。『㒭，讀若傲，』書，『無若丹朱傲，』不必改爲『㒭』也。『橾，讀若藪，』

考工記，「以其圍之阞捎其藪，」不必改爲『檡』也。『戹，讀爲僕，』孟子，『僕僕爾，』今不必改爲『戹』也。『辛，讀爲愆，』今經典『皐辛』字皆作『愆』。『㭒，讀若創，』今經典『㭒業』字皆作『創』。『入，讀若集，』今經典『入合』字皆作『集』。『牽，讀若達，』今詩正作『達』。『翌，讀若皇，』今周禮正作『皇』。『莧，讀與茂同，』今尚書『莧席』字正作『莧』。『㗊，讀與轟同，』今春秋『㗊北』字正作『轟』。『卟，讀與稽同，』今尚書『卟疑』字正作『稽』。『雀，讀與爵同，』『敁，讀與施同，』今經典『鳥雀』字多用『爵』，『敷敁』字皆用『施』。『㝷，讀與隱同，』孟子、莊子『隱几』字不作『㝷』。是皆叚其音，并叚其義，非後世譬況爲音可同日語也。」按：錢氏此論，前人所未發，頗足備治經之一說。

周易鼎彖傳曰：「鼎，象也。」按：六十四卦，皆觀象繫辭，而獨於鼎言象，義不可通。虞注曰：「象事知器，故獨言象也。」此亦曲爲之說耳。周易「象」字，依說文當作「像」。說文人部：「像，似也。從人象聲，讀若養字之養。」然則「鼎，象也」，猶曰「鼎養也」。下文云：「聖人亨以享上帝，而大亨以養聖賢，」是其義也。學者不知「象」爲「養」之叚字，故不得其義。

《呂氏春秋·古音篇》：「伶倫自大夏之西，乃之阮隃之陰。」按：「隃」本作「侖」，涉上「阮」字從自，而加自旁作「陯」，又誤爲「隃」耳。阮者，昆之叚字。《說文繫傳·自部》：「阮，代郡五阮關也。從自，元聲，讀若昆。」阮讀若昆，故即叚阮爲昆，「阮侖」即「昆侖」也。《漢書·律曆志》正作「昆侖」可證。凡讀若字，義本得通，故彼此可以叚借也。

三十六　美惡同辭例

古者美惡不嫌同辭，如：「退食自公，委蛇委蛇，」詩人之所美也；而《左傳》云，「衡而委蛇必折，」則「委蛇」又爲不美矣。「豈弟君子，民之父母，」詩人之所美也；而《齊風》云，「魯道有蕩，齊子豈弟；」傳曰，「言文姜於是樂易然；」《正義》足成其義曰，「於是樂易然，曾無慙色」則「豈弟」又爲不美矣。「齊子豈弟」本與下章「齊子翱翔」一律，而鄭必破作「闓圛」，謂與上章「齊子發夕」一律。蓋以他言「豈弟」者，皆美而非刺，故不從傳義。不知古人美惡不嫌同辭，學者當各依本文體會，未可徒泥其辭也。

《詩·皇矣》篇：「無然畔援。」箋云：「畔援，猶跋扈也。」《韓詩》曰：「畔援，武強也。」按：「畔援」即「畔喭」。《論語·先進篇》鄭注：「子路之行，失於畔喭。」《正義》曰：「言子路

性行剛強，常眅睍失禮容也。」正與鄭、韓義合。「睍」之爲「援」，

聲近而義通矣。玉篇又作「無然伴奐」，古雙聲疊韻字無一定也。卷阿篇：「伴奐爾游矣。」

伴奐，即伴換也。箋曰：「伴奐，自縱弛之意。」蓋即跋扈之意而引申之。是故「畔援」也，

「伴奐」也，一而已矣。「畔援」爲不美之辭，而「伴奐」爲美之之辭，美惡不嫌同辭也。畔援亦自

縱弛也，言將助我而就之，猶不免於縱弛也。是故「伴奐」也，「畔援」也，一而已矣。「伴

奐」爲美之之辭，「判渙」又爲不美之辭，美惡不嫌同辭也。

訪落篇：「將予就之，繼猶判渙。」判渙，亦即伴奐也。傳、箋均未得判渙之義。判渙亦

禮記孔子閒居篇：「耆欲將至。」鄭注曰：「謂其王天下之期將至也。」按：中庸篇：

「禍福將至。」此云耆欲，即福也。美惡不嫌同辭。月令篇：「節耆欲，禁耆欲。」以耆欲之

不善者言也。祭統篇：「興舊耆欲。」此云耆欲將至，以耆欲之善者言也。王肅作家語，改作

「有物將至」，足徵其不達古義矣。

三十七　高下相形例

昭十三年左傳：「子產、子大叔相鄭伯以會。子產以幄幕九張行，子大叔以四十，既而悔

之，每舍損焉。及曾亦如之。」「癸酉退朝，子產命外僕速張於除，子大叔止之，使待明日。及夕，

子產聞其未張也，使速往，乃無所張矣。」注曰：「傳言子產每事敏於大叔。」按：子產與子

大叔，皆鄭國賢大夫，傳者欲言子產之敏，乃極言子大叔之不敏，此高下相形之例也。禮記

檀弓篇：「曾子襲裘而弔，子游裼裘而弔，曾子指子游而示人曰：『夫夫也為習於禮者，如

之何其裼裘而弔也？』主人既小斂，袒括髮，子游趨而出，襲裘帶絰而入，曾子曰：『我過

矣！我過矣！夫夫是也。』」按：曾子、子游，皆聖門高弟，記人欲言子游之知禮，乃先言

曾子之不知禮，亦高下相形之例也。後世記載之家，但有簿領而無文章，莫窺斯祕，於是讀

古人之書，亦不得其抑揚之妙，徒泥字句以求之，往往失其義矣。

三十八　敍論竝行例

孟子離婁篇：「曾子養曾皙，必有酒肉。將徹，必請所與；問有餘，必曰『有』。曾皙

死，曾元養曾子，必有酒肉。將徹，不請所與；問有餘，曰『亡矣』！將以復進也。一此亦

舉曾元之養口體，以形曾子之養志，學者不可泥乎其詞。

僖三十三年左傳：「秦伯素服郊次，鄉師而哭曰：『孤違蹇叔，以辱二三子，孤之罪也。』」

不替孟明，『孤之過也；大夫何罪？且吾不以一眚掩大德。』」王氏念孫曰：「『不替孟明』

下有『曰』字，而今本脫之。『不替孟明』及『曰』字，皆左氏記事之詞。自『孤之過也』

下，方是穆公語。上文穆公鄉師而哭，既罪己而不罪人矣，於是不廢孟明而復用之，且謂之

曰：『孤之過也，大夫何罪？』若如今本，穆公既以不替孟明為己過，則孟明不可用矣；何

以言『大夫何罪？』又言『不以一眚掩大德』乎？」今按：王氏解「不替孟明」句是也；謂

今本脫「曰」字非也。自唐石經以來，各本皆無「曰」字，未可以意增加。蓋古人自有敍、

論竝行之例，前後皆穆公語，中間著此「不替孟明」四字，竝未閒以他人之言，「孤違蹇叔」

與「孤之罪也」，語出一口，讀之自明，原不必加「曰」字也。如昭三年傳：「則使宅人反

之，『且諺曰：「非宅是卜，唯鄰是卜。」二三子先卜鄰矣。』」按：「則使宅人反之，」

左氏記事之辭；「且諺曰」以下，晏子之語，中閒無「曰」字，即其例矣。

　　史記屈原傳，敍事中閒以議論，論者以為變體。愚按趙世家云：「以至父子俱死，為天

下笑，豈不悲乎？」魏世家云：「惠王之所以身不死，國不分者，二家謀不和也。若從一家

之謀，魏必分矣。故曰：『君終無適子，其國可破也。』」皆於敍事中入議論，古人之文無

定法也。

三十九　實字活用例

宣六年公羊傳：「勇士入其大門，則無人門焉者。」上「門」字實字也，下「門」字則

爲守是門者也。襄九年左傳：「門其三門。」下「門」字實字也，上「門」字則爲攻是門者

矣。此實字而活用者也。爾雅釋山：「大山宮，小山霍。」郭注曰：「宮謂圍繞之宮。」本

實字，而用作圍繞之義，則活矣。宣十二年左傳：「屈蕩戶之，」杜注曰：「戶，止也。」戶本

實字而用作止義，則活矣。又如規矩字皆實字。國語周語：「其母夢神規其臀以墨。」韋注

曰：「規，畫也。」此規字活用也。考工記：「必矩其陰陽。」鄭注曰：「矩，謂刻識之也。」

此矩字活用也。經典中如此者，不可勝舉。

執持於手即謂之手。莊十二年公羊傳：「手劍而叱之。」、禮記檀弓篇：「子手弓而可

是也。懷抱於腹即謂之腹。詩蓼莪篇：「出入腹我，」是也。史記司馬相如傳：「手熊羆，

足野羊。」注曰：「手足，謂拍蹹殺之。」手所拍即謂之手，足所蹹即謂之足，古人用字之法也。

尊者，酒器也。儀禮注曰：「置酒曰尊，」則尊字活用矣。席也，筵也，敷布之具也。

儀禮注曰：「席，敷席也。筵，布席也。」則席字筵字活用矣。蓋在禮經即有此例。史記東

越傳：「即縱殺王。」以縱殺人而即謂之縱。張釋之馮唐傳：「五日一椎牛。」以椎殺牛而

即謂之椎，皆此例也。

按：此解非是。閔二年左傳：「佩，衷之旗也。」杜注曰：「旗，表也。」然則「旗獲而過我」，

謂表示其所獲之物而過我也。蓋旌旗之屬，所以表示行列。國語晉語：「車無退表。」韋注

曰：「表，旌旗也。」故旌與旗竝有表義。僖二十四年左傳：「且旌善人。」哀十六年傳：

「猶將旌君以徇於國。」杜注竝曰：「旌，表也。」旗之爲表，猶旌之爲表也。旌、旗，皆

實字，而用作表示之義，則實字而活用矣。解者不達此例，乃以爲「縣所獲於旗」，豈旌君

以徇於國，亦將縣之於旌乎？

以女妻人即謂之女，以食飲人即謂之食，古人用字類然；經師口授，恐其疑誤，異其音

讀，以示區別，於是何休注公羊，有長言、短言之分；高誘注淮南，有緩言、急言之別。詩：

「興雨祁祁，雨我公田。」釋文曰：「興雨如字，雨我于付反。」左傳：「如百穀之仰膏雨

也，若常膏之。」釋文曰：「膏雨如字，膏之古報反。」一苟知古人有實字活用之例，則皆可

以不必矣。

四十　語詞疊用例

大雅緜篇：「迺慰迺止，迺左迺右，迺疆迺理，迺宣迺畝。」四句中疊用八「迺」字。

蕩篇：「曾是彊禦，曾是掊克，曾是在位，曾是在服。」四句中疊用四「曾是」字。尚書多方篇：「爾曷不忱裕之于爾多方？爾曷不夾介乂我周王享天之命？今爾尚宅爾宅，畋爾田，爾曷不惠王熙天之命？爾乃迪屢不靜，爾心未愛，爾乃不大宅天命，爾乃屑播天命，爾乃自作不典，圖忱于正。」十一句中疊用三「爾曷不」字，四「爾乃」字，皆疊用語詞以成文者也。

禮記哀公問篇：「卽安其居，節醜其衣服。」按：鄭君作注時，蓋作「卽安其居，卽醜其衣服。」故注曰：「卽，就也。醜，類也。就安其居處，正其衣服。」以一「就」字總釋兩「卽」字也。因「卽」誤作「節」，正義誤以鄭注「正」字是釋「節」字，而有「節，正也」之說，非鄭意矣。然鄭注亦未安，兩「卽」字均當讀作「則」，古字通。大戴禮哀公問於孔

子篇作「則安其居處，醜其衣服，」可證也。此文疊用兩「卽」字，皆承上之詞，猶云「則

安其居，則醜其衣服」也。射義篇：「則燕則譽，」文法與此同，但句有長短耳。

　周官邍師職：「辨其丘陵墳衍邍隰之

名物」、「之可以封邑者」，竝蒙丘陵墳衍邍隰而言。蓋既辨其名物，又辨其可以封邑者，

故總言丘陵墳衍邍隰於上，而以兩「之」字分承於下也。鄭注以「物之」二字為句，失其讀

矣。

　賈子服疑篇：「是以高下異，則名號異，則權力異，則事勢異，則旗章異，則符瑞異，

則禮寵異，則秩祿異，則冠履異，則衣帶異，則環佩異，則車馬異，則妻妾異，則澤厚異，

則宮室異，則牀席異，則器皿異，則飲食異，則祭祀異，則死喪異。」此十九句，疊用十九

「則」字，文法奇絕。建本於「則死喪異」下又加「則」字，是誤於則字絕句，由不達古人文法之

變也。又數甯篇：「因諸侯附親軌道，致忠而信上耳。」自此以下，凡用「因」字「耳」字

者十，其句法皆同。班固刪改以入漢書，大失賈子之真。人人習讀漢書，不觀賈子原文，遂

亦無襲用此句法者矣。

　古人之文，每以「故」字相承接，似複而實非複。禮記禮運篇：「故君者所明也，非明

人者也；君者所養也，非養人者也；君者所事也，非事人者也。故君明人則有過，養人則不

足，事人則失位。故百姓則君以自治也，養君以自安也，事君以自顯也。故

人皆愛其死而患其生。」此段一氣相承而用五「故」字。又樂記篇：「是故知聲而不知音者，

禽獸是也；知音而不知樂者，衆庶是也；唯君子為能知樂。是故審聲以知音，審音以知樂，

而治道備矣。是故不知聲者，不可與言音；不知音者，不可與言樂。」此段亦一氣相生而用

三「是故」字。

子書中如此者尤多，墨子親士篇：「是故比干之殪，其抗也；孟賁之殺，其勇也；西施之

沈，其美也；吳起之裂，其事也：故彼人者，寡不死其所長。故曰太盛難處也。故雖有賢君，

不愛無功之臣；雖有慈父，不愛無益之子。是故不勝其任而處其位，非此位之人也；不勝其

爵而處其祿，非此祿之士也。」韓非子主道篇：「故曰『君無見其所欲，君見其所欲，臣將

自雕琢；君無見其意，君見其意，臣將自表異。』故曰『去好去惡，臣乃見素；去舊去智，

臣乃自備。』故有智而不以慮，使萬物知其處；有行而不以賢，觀臣下之所因；有勇而不以

怒，使羣臣盡其武。是故去智而有明，去賢而有功，去勇而有強。」若此之類，並於一簡中

疊用「故」字、「是故」字、「故曰」字，彌見古人文氣之厚。偶舉此二則，以例其餘。

墨子尚賢中篇：「是以民皆勸其賞，畏其罰，相率而爲賢者，以賢者衆而不肖者寡。」

衆而不肖者寡也。兩句疊用「是以」字，亦古書之恆例。今誤作「相率而爲賢者」，則是民之

相率爲賢，以賢者衆不肖者寡之故，義不可通矣。

按：「相率而爲賢」，絕句，「者」字乃「是」字之誤，屬下讀；惟其相率而爲賢，是以賢者

四十一　語詞複用例

古人用助語詞，有兩字同義而複用者。左傳：「一薰一蕕，十年尚猶有臭。」尚，即猶也。

禮記：「人喜則斯陶。」斯，即則也。此顧氏炎武說。「何」謂之「庸何」。文十八年左傳：

「人奪女妻而不怒，一抶汝，庸何傷？」庸，亦何也。「詎」謂之「庸詎」。莊子齊物論篇：

「庸詎知吾所謂知之非不知邪？庸詎知吾所謂不知之非知邪？」庸，亦詎也。「安」謂之「庸

安」。荀子宥坐篇：「女庸安知吾不得之桑落之下？」庸，亦安也。「孰」謂之「庸孰」。

大戴記曾子制言篇：「庸孰能親汝乎？」庸，亦孰也。此王氏引之說。

尚書秦誓篇：「尚猶詢茲黃髮。」言「尚」又言「猶」。禮記三年間篇：「然後乃能去

之。」言「然後」又言「乃」。莊子逍遙遊篇：「而後乃今將圖南。」言「而後」又言「乃」。

史記商君傳：「乃遂去之秦。」言「大氐」又言「乃」又言「遂」。漢書食貨志：「天下大氐無慮皆鑄金

錢矣。」言「大氐」又言「無慮」。

管子山國軌篇曰：「此若言何謂也？」地數篇曰：「此若言可得聞乎？」輕重丁篇曰：

「此若言曷謂也？」言「此」又言「若」，若亦此也。後人不達古語，有失其讀者，有誤其文

者。禮記曾子問篇：「以此若義也。」鄭君讀「以此」為句，「若義也」為句，則失其讀矣。

荀子儒效篇：「行一不義，殺一無罪，而得天下，不為也。此若義信乎人矣。」今本「若」

誤作「君」，則誤其文矣，由不達古書用助語之例也。

四十二　句中用虛字例

虛字乃語助之詞，或用於句中，或用於首尾，本無一定；乃有句中用虛字而實為變例者。

如「螽斯羽」，言螽羽也；「兔斯首」，言兔首也。毛傳以「螽斯」為「斯螽」，鄭箋以「斯

首」為「白首」，均誤以語詞為實義。辨見王氏經傳釋詞。

禮記射義篇，「又使公罔之裘，」鄭注曰：「之，發聲也。」僖二十四年左傳，「介之

推不言祿，」杜注曰：「之，語助。」按：於人名氏之中用語助，此亦句中用虛字之例也。

尚書君奭篇，「迪惟前人光，」猶云「惟迪前人光」也。故枚傳曰：「但欲蹈行先王光

大之道。」又曰，「天惟純佑命，」猶云「惟天純佑命」也。故枚傳曰：「惟天大佑助其王命。」

乃經文不曰「惟迪」而曰「迪惟」，不曰「惟天」而曰「天惟」，此亦句中用虛字之例，乃

古人文法之變也。

詩無羊篇，「牧人乃夢：衆維魚矣，旐維旟矣。」按：「衆維魚矣」，猶云「維衆魚矣」；

「旐維旟矣」，猶云「維旐旟矣」；與斯干篇「吉夢維何？維熊維羆，維虺維蛇」一律。彼

「維」字用之句首，而此「維」字用之句中，乃古人文法之變也。後人不達此例，而異義橫

生矣。

四十三　上下文變換虛字例

古書有疊句成文而虛字不同者。尚書洪範篇：「水曰潤下，火曰炎上，木曰曲直，金曰

從革，土爰稼穡。」上四句用「曰」字，下一句用「爰」字。爰，即曰也。爾雅釋魚篇：「俯

者靈，仰者謝，前弇諸果，後弇諸獵。」前兩句用「者」字，後兩句用「諸」字。諸，即者

也。史記貨殖傳：「智不足與權變，勇不足以決斷，仁不能以取予。」上一句用「與」字，

下二句用「以」字。與，即以也。論語述而篇：「富而可求也，雖執鞭之士，吾亦爲之；如不可求，從吾所好。」上句用「而」字，下句用「如」字。孟子離婁篇：「文王視民如傷，望道而未之見。」上句用「如」字，下句用「而」字。而，即如也。禮記文王世子篇：「文王九十七乃終，武王九十三而終。」上句用「乃」字，下句用「而」字。而，即乃也。鹽鐵論：「忠焉能勿誨乎？愛之而勿勞乎？」崔駰大理箴：「或有忠能被害，或有孝而見殘。」上句用「能」字，下句用「而」字。能，即而也。墨子明鬼篇：「非父則母，非兄而姒。」史記欒布傳：「與楚則漢破，與漢而楚破。」上句用「則」字，下句用「而」字。而，即則也。

　周易繫辭傳：「是故變化云爲，吉事有祥。」按：廣雅釋詁曰：「云，有也。」「變化云爲」，即「變化有爲」，與「吉事有祥」一律，特虛字不同耳。變化有爲，故象事知器；吉事有祥，故占事知來。正義分變化云爲爲四事，則與下文不屬矣。大戴記哀公問五義篇：「口不能道善言，而志不邑邑。」按下句本作「志不而邑邑」，與上句「口不能道善言」一律，特虛字不同耳。而，即能也。荀子哀公篇作「口不能道善言，心不知色。」心，即志也，不知，即不能也；以彼證此，其義自見。淺人不知「而」與「能」通，改作「而志不邑邑」，則與上句不倫矣。又誥志篇：「在國統民如恕，在家撫官而國。」按「恕」乃「怒」字之誤。

「在國統民如孥，在家撫官而國，」兩句本一律，特虛字不同耳。而，亦如也。「統民如孥」，

猶言愛民如子。孔氏廣森作補注，不知「恕」字之誤，乃欲互易其「如而」兩字，爲之說曰：

「君統民而能恕，大夫撫私臣如在國，」則兩句不倫矣。禮記檀弓篇：「爲爾哭也來者，拜

之，知伯高而來者勿拜也。」按韋昭注國語周語曰：「知政，猶爲政也。」高誘注呂氏春秋

長見篇曰：「知，猶爲也。」知伯高而來者，猶曰「爲伯高而來者」，與「爲爾哭也來者」

相對成文，特虛字不同耳。正義曰，「若與伯高相知而來哭者，」則誤解知字，而兩句不一

律矣。又：「蠶則績而蟹有匡，范則冠而蟬有緌，兄則死而子皋爲之衰。」按：孟子滕文公篇

趙注曰：「爲，有也。」是「有」與「爲」義通。「蟹有匡」，即「蟹爲匡」，「蟬有緌」，即

「蟬爲緌」，與「子皋爲之衰」文義相同。以上兩句喻下一句也，特虛字不同耳。注曰，「蚕

兄死者，言其衰之不爲兄死，如蟹有匡，蟬有緌，不爲蠶之績，范之冠也，」則與語意不合

矣。

爾雅釋詁，「粵、于、爰、曰也；」而爰、粵、于三字，又訓「於」，是「曰」「於」

義同。禮記禮運篇，「其降曰命，其官於天也，」言其降於敎命者，皆其法於天者也。上句

用「曰」字，下句用「於」字，亦虛字變換之例。

尹知章注管子戒篇曰：「爲，猶與也。」是「爲」「與」義同。列子仲尼篇曰：「無言與不言，無知與不知，亦言亦知。」按：上云「用無言、爲言、亦言，無知、爲知、亦知」此承上文而更進一義，猶云「無言爲不言，無知爲不知，亦言亦知」也。上用「爲」字，此用「與」字，亦虛字變換之例。

四十四　反言省乎字例

「囂訟，可乎？」「乎」字已見於堯典，是古書未嘗不用「乎」字。然「乎」者語之餘也，讀者可以自得之。古文簡質，往往有省「乎」字者。尙書西伯戡黎篇，「我生不有命在天？」據史記則句末有「乎」字。呂刑篇，「何擇非人？何敬非刑？何度非及？」史記作「何擇非其人，何敬非其刑，何居非其宜乎？」則亦當有「乎」字，皆經文從省故也。

老子弟五章：「天地之閒，其猶橐籥乎？」易州唐景龍二年刻石本無「乎」字。弟十章：「抱一能無離乎？專氣致柔，能嬰兒乎？滌除玄覽，能無疵乎？愛民治國，能無知乎？天門開闔，能無雌乎？明白四達，能無爲乎？」河上公本，此六句竝無「乎」字。蓋無「乎」字者，古本也；有「乎」字者，後人以意加之也。七十七章：「是以聖人爲而不恃，功成而不處，其不欲見賢。」末句當云「其不欲見賢乎?」文義始明。而各本皆未增加,猶老子原文也。

逸周書大戒篇:「連官集乘,同憂若一,謀有不行。」按:「不行」下亦當有「乎」字,

「謀有不行乎?」言必行也。太玄唐次五,「奔鹿懷麚,得不訾。」按:「得不訾」下亦當

有「乎」字,「得不訾乎?」范望注所謂「必肆詆毀於賢者」也。法言問明篇,「鳳鳥蹌蹌,

匪堯之庭。」按:「匪堯之庭」下,亦當有「乎」字。吳祕曰:「治則見,非堯之庭乎?」

是其義也。凡若此類,當善會之;雖不可增加,以失古書之舊,然亦不可不知。讀者毋以反

言為正言,致與古人意旨剌謬也。

四十五　助語用不字例

不者,弗也。自古及今,斯言未變,初無疑義。乃古人有用「不」字作語詞者,不善讀

之,則以正言為反言,而於作者之旨大謬矣。斯例也,詩人之詞尤多。車攻篇:「徒御不警,

大庖不盈。」傳曰:「不警,警也;不盈,盈也。」桑扈篇:「不戢不難,受福不那。」傳

曰:「不戢,戢也;不難,難也。那,多也;不多,多也。」文王篇:「有周不顯,帝命不

時。」傳曰:「不顯,顯也;不時,時也。」生民篇:「上帝不寧,不康禋祀。」傳曰:「不

寧，寧也；不康，康也。」卷阿篇：「矢詩不多。」傳曰：「不多，多也。」凡若此類，傳

義已明且晳矣；乃毛公亦偶有不照者。如思齊篇：「肆戎疾不殄。」不，語詞也。傳曰，「大

疾害人者，不絕之而自絕也，」則誤以「不」爲實字矣。亦有毛傳不誤而鄭箋誤者。如常棣

篇：「鄂不韡韡。」傳曰：「鄂，猶鄂鄂然，言外發也。韡韡，光明也。」是「不」語詞也。

箋云，「不當爲柎，古聲同，」則誤以「不」爲叚字矣。王氏引之作經傳釋詞，始一一辨正

之，眞空前絕後之學。今姑舉數事，聊以見例，且補王氏所未及。

杕杜篇：「嗟行之人，胡不比焉？人無兄弟，胡不佽焉？」按：兩「不」字皆語詞。爾

雅曰：「行，道也。」行之人，卽道之人，猶荀子性惡篇所謂「塗之人」也。詩人之意，謂

「彼道路之人，胡親比之有？人無兄弟，胡佽助之有？」鄭君不知兩「不」字皆語詞，乃云

「女何不輔君爲政令？」又云「何不相推佽而助之？」正義因言「猶冀他人輔之。」上文明

言「豈無他人，不如我同父？」乃冀他人輔助，失詩旨甚矣。

東山篇：「不可畏也，伊可懷也。」按：「不」，語詞，「伊」，亦語詞。言室中久無

人，荒穢如此，可畏亦可懷也。「是不足可畏，乃可爲憂思，」則語意迂曲矣。

狼跋篇：「德音不瑕。」按：「不」，語詞，「瑕」與「遐」通，遠也，言其德音之遠也。

傳訓「瑕」為「過」，箋以「不可疵瑕」說之，均未達「不」字之旨。

論語微子篇：「四體不勤，五穀不分。」按：兩「不」字皆語詞。丈人蓋自言「惟四體是勤，五穀是分而已；安知爾所謂夫子？」若謂以「不勤」「不分」責子路，則不情甚矣。安有萍水相逢，遽加面斥者乎？

四十六　也邪通用例

論語：「君子人與？君子人也。」朱注曰：「與，疑詞；也，決詞。」乃古人之文則有以「也」字為疑詞者。陸氏經典釋文序所謂「邪、也弗殊」，是也。使不達此例，則以疑詞為決詞，而於古人之意大謬矣。今略舉數事以見例，其已見于王氏經傳釋詞者，不及焉。

大戴記本命篇：「機其文之變也。」按：「機」當作「幾」，而讀為「豈」，古書每以「幾」為「豈」字。荀子榮辱篇曰：「幾直夫芻豢稻粱之縣糟糠爾哉？」又曰：「幾不甚善矣哉？」大略篇曰：「幾為知計哉？」竝其證也。「幾其文之變也，其文變也。」上「也」字當讀為「邪」，此兩句乃自為問答之詞。

論語八佾篇：「子入太廟，每事問。或曰：『孰謂鄹人之子知禮乎？入太廟，每事問。』」

子聞之曰：『是禮也？』」按：此章乃孔子歎魯祭之非禮也。魯僭禮之國，太廟之中，犧牲

服器之等，必有不如禮者。子入太廟，每事問，所以諷也。或人不諭，反有執謂知禮之譏，

故夫子曰：「是禮也？」「也」讀爲「邪」，乃反詰之詞，正見其非禮也。學者不達「也」、

「邪」通用之例，以反言爲正言，而此章之意全失矣。

論語中以「也」爲「邪」者甚多：「子張問十世可知也？」「井有人焉其從之也？」「豈

若匹夫匹婦之爲諒也？」諸「也」字並當讀爲「邪」。又如：「事君盡禮，人以爲諂也？」

子曰：「其事也？」兩「也」字亦必讀爲「邪」，方得當日語氣。以本字讀之，則神味爲之

索然矣。

孟子萬章篇：「書曰，『祇載見瞽瞍，夔夔齊栗，瞽瞍亦允。』」若是，爲父不得而子

也？」按：此節「瞽瞍亦允」四字爲句，趙注所謂瞍亦信知舜之大孝也。「若是」二字爲句。

「爲父不得而子也？」「也」讀爲「邪」，乃詰問之辭，正所以破咸丘蒙之說。東晉古文尚書

竊其語，入大禹謨篇，而以「允若」連文，蓋由不達古語，故誤讀孟子。

晏子春秋諫上篇：「寡人出入不起，交舉則先飲，禮也？」「也」當讀爲「邪」，乃詰

問晏子之詞。

亦有應用「也」字而以「與」字代之者，使失其讀，則正言若反矣。禮記祭義篇：「夫

人曰：『此所以爲君服與。』」「與」卽「也」字。世婦獻繭，本以爲君服，何

待致問。下文：「古之獻繭者其牽用此與。」「與」亦「也」字，乃記人之辭，以結上文言

「古之獻繭者」，其法用此也。鄭不解「與」字之義，誤以爲問者之辭，正義并以爲夫人致

問，失經意甚矣。

四十七　雖唯通用例

說文「雖蟲從蟲唯」聲，凡聲同之字，古得通用。然「雖」之與「唯」，語氣有別，不

達古書通用之例，而以後世文理讀之，則往往失其解矣。禮記表記篇：「唯天子受命於天。」

鄭注曰：「唯當爲雖。」此「雖」「唯」通用之明見於經典者。今於王氏釋詞之外，舉數事

見例。

尚書洛誥篇：「女惟沖子惟終。」按：尚書無「唯」字，今文作「維」，古文作「惟」，

卽「唯」字也。此句兩「惟」字，上「惟」字當讀爲「雖」。「女雖沖子惟終」，與召誥「有

王雖小元子哉」文義正同。「終」讀爲「崇」。君奭篇：「其終出于不祥；」馬本作「崇」，

是古字通用也。言女雖沖幼，然女位甚尊崇，故宜敬識百辟享也。又，《詩·抑》篇：「女雖湛樂從。」此「雖」字當讀爲「惟」。「女惟湛樂從」，猶《尚書·無逸》篇曰「惟耽樂之從也」。枚傳不知「女惟」之當作「女雖」，竟失之矣。

《論語·子罕》篇：「雖覆一簣，進，吾往也。」按：此「雖」字當讀爲「惟」，言平地之上，惟覆一簣，極言其少；正與「未成一簣」相對成義。又，《鄉黨》篇：「肉雖多，不使勝食氣，唯酒無量，不及亂。」按：此「唯」字當讀爲「雖」，與上「肉雖多」一例。古書一簡中上下異字，往往有之。「無量」即《儀禮》所謂「無算爵」，言雖飲酒至無算爵之時，不及於亂也。《論語》此兩篇正相連，而一「雖」字當讀「唯」，一「唯」字當讀「雖」，亦可見古書之難讀矣。

《禮記·內則》篇：「夫婦之禮，唯及七十，同藏無閒；故妾雖老，年未滿五十，必與五日之御。」按：此經「唯」字當讀爲「雖」，猶《鄉黨》篇「肉雖多」，「唯酒無量」，亦一用「唯」字，一用「雖」字也。夫婦之禮，雖及七十，同藏無閒，明不以衰老而見疏；外妾則不必然矣，然雖老而未滿五十，必與五日之御，亦不以衰老而見疏外也。兩句一義，中閒用「故」字承接，其義可見。鄭注不知上「唯」字之當讀爲「雖」，于是不得其解矣。

四十八　句尾用故字例

凡經傳用「故」字，多在句首，乃亦有在句尾者。禮記禮運篇：「則是無故，先王能脩禮以達義，體信以達順故。」此「故」字在句尾者也。下云：「此順之實也。」鄭注曰：「實，猶誠也，盡也。」正義於此節逐句分疏，而不別出「此順之實也」句，但云「則是無故者，言致此上事，則是更無他故，由先王能脩禮達義，體信達順之誠盡，故致此也。」牽合下句解之，似尚失其讀也。

大戴記曾子制言篇：「今之所謂行者，犯其上，危其下，衡道而彊立之，天下無道故。」王氏引之曰：「故字當屬上讀，言犯上危下之人，所以幸而免者，天下無道故也。若天下有道，則有司誅之矣。」按：王說是也。盧辯注誤以「故若天下有道，則有司之所求也。」二字為句；孔氏廣森補注，亦未能訂正。

四十九　句首用焉字例

凡經傳用「焉」字，多在句尾，乃亦有在句首者。禮記鄉飲酒義：「焉知其能和樂而不

流也，焉知其能弟長而無遺矣，焉知其能安燕而不亂也。」劉氏台拱曰：「三『焉』字皆當

下屬。『焉』，語詞，猶『於是』也。」按：王氏釋詞，「焉」字作「於是」解者數十事，

文繁不具錄。

孟子離婁篇：「聖人既竭目力，焉繼之以規矩準繩，以爲方員平直，不可勝用也。既竭

耳力，焉繼之以六律正五音，不可勝用也。既竭心思，焉繼之以不忍人之政，而仁覆天下矣。」

按：此三「焉」字亦當屬下讀，「焉」猶「於是」也。

五十　古書發端之詞例

凡發端之詞，如書之用「曰」字，詩之用「誕」字，皆是也。乃有發端之詞，與今絕異

者，略舉數事以見例。

「乃」者，承上之詞也；而古人或用以發端，堯典「乃命羲和」是也。周官小司徒職：

「乃頒比灋于六鄉之大夫」，「乃會萬民之卒伍而用之」，「乃均土地以稽其人民而周知其數」，「乃經

土地而井牧其田野」，「乃分地域而辨其守。」凡五段文字，皆以「乃」字領之。

「故」者，承上之詞也；而古人亦或用以發端。禮記禮運篇：「故聖人參於天地，並於

「鬼神」以下，正義標「故聖至地也」爲一節，「故君至其生」爲一節，「故聖至爲之」爲一節。又，「故人者其天地之德」以下，正義標「故人至氣也」爲一節，「故天至質也」爲一節，「故人至爲畜」爲一節。又，「故先王秉蓍龜」以下，正義標「故先至有序」以下爲一節，「故宗至至正」爲一節，「故禮至藏也」爲一節，「故禮義也者人之大端也」以下，正義標「故禮至其禮」爲一節，「故禮至以薄」爲一節，「故聖至者尊」爲一節，「故治至危也」爲一節，「故禮至實也」爲一節。是每節皆以故字發端。

「若夫」者，轉語之詞也；而古人或用以發端。王氏釋詞引大戴記衞將軍文子篇：「文子曰：『若夫知賢，人莫不難。』」孝經：「曾子曰：『若夫慈愛恭敬，安親揚名，則聞命矣。』」疏其證也。禮記曲禮篇：「若夫坐如尸，立如齊。」劉原夫曰：「此乃大戴禮曾子事父母篇之辭，曰：『孝子惟巧變，故父母安之。若夫坐如尸，立如齊，弗訊不言，言必齊色，此成人之善者也，未得爲人子之道也。』此篇蓋取彼文，而『若夫』二字失於刪去，則記人亦所不受，乃謂此二句爲丈夫之事，誤矣。」按：鄭君此注誠誤，然謂失於刪去，蓋在彼文用爲轉語，而在此文用爲發端，原不必刪也。

禮記中庸篇「今夫天」一節，四用「今夫」爲發端，此近人所習用者；乃或變其文爲「今

是」。禮記三年問篇，「今是大鳥獸；」荀子禮論篇「今是」作「今夫」。荀子宥坐篇，「今

夫世之陵遲亦久矣；」韓詩外傳「今夫」作「今是」；竝其證也，王氏釋詞已及之。乃或又

叚「氏」爲「是」而作「今氏」。墨子天志下篇，上云「今是楚王食於楚之四境之內」，「今是」

即「今夫」也。下云「今氏大國之君」，「今氏」即「今是」，亦即「今夫」也。禮記曲禮

篇：「是職方。」鄭注曰：「是或爲氏。」儀禮覲禮篇：「大史是右。」注曰：「古文是爲

氏。」蓋「是」「氏」古通用耳。「今是」之文，古書多有；「今氏」之文，惟此一見，而今本

墨子「氏」上又衍「知」字，故雖王氏之博極羣書，徵引不及矣。

五十一　古書連及之詞例

凡連及之詞，或用「與」字，或用「及」字，此常語也。乃有其語稍別，後人遂失其解

者，略舉數事以見例。

爾雅曰，「于，於也；」而尚書每用爲連及之詞。康誥篇，「告女德之說于罰之行；」

言告女德之說與罰之行也。多方篇，「不克敬于和；」言不克敬與和也。說本孔氏廣森卮言、

王氏引之釋詞。又，呂刑篇：「罔中于信。」「中」與「忠」通，「于」亦連及之詞，言三

苗之民皆無忠信也。枚傳失其義，而前人亦未見及。又按此例，毛詩亦有之。鳬鷖篇：「公

尸來燕來宗，既燕于宗，福祿攸降。」此「于」字亦連及之詞。「來燕來宗，既燕于宗」二

句相承，猶言既燕與宗也。鄭箋不達，遂使上下兩宗字異義，失之甚矣。泮水篇，「不吳不

揚，不告于訩，」二句亦相承，猶云不吳不揚，不告與訩也。「告」讀如嘷呼之「嘷」，「訩」

猶「訩訩」，喧譁之聲也。上句「不吳不揚」，箋云，「不謹譁，不大聲；」此云「不告與

訩」，義正相近，鄭箋亦失其義。

考工記注，「若，如也。」乃古人則又用爲連及之詞。儀禮燕禮篇，「冪用綌若錫；」

禮記投壺篇，「矢用柘若棘；」皆是也。又或變其文曰「如」。論語先進篇，「方六七十，

如五六十；」又曰，「宗廟之事如會同；」皆是也。「如」之與「若」，義本不殊，故連及

之詞，爲「若」又爲「如」矣。朱注曰：「如，猶或也，」古無此義。

「之」字，古人亦或用爲連及之詞。考工記，「作其鱗之而；」文十一年左傳「皇父之

二子：」皆是也。禮記中庸篇：「知遠之近，知風之自，知微之顯。」此三句自來不得其解。

若謂遠由於近，微由於顯，則當云「知遠之由於近，知微之由於顯」，文義方明；不得但云

「遠之近、微之顯」也。且「風之自」句義不一例；「微之顯」句亦與弟一句不倫，既云「遠

之近」，則當云「顯之微」矣。今按：此三「之」字皆連及之詞。知遠之近者，知遠與近也；

知微之顯者，知微與顯也。「知遠之近，知微之顯，可與入德矣。」猶易繫辭傳

云：「君子知微知彰，知柔知剛，萬夫之望也。」然則「知風之自」句，當作何解？「風」

讀爲「凡」，「風」字本從「凡」聲，故得通用。莊子天地篇：「願先生之言其風也。」「風」

「風」即「凡」字，猶云「言其大凡」也。「自」者「目」字之誤。周官宰夫職：「二曰師，

掌官成以治凡；三曰司，掌官灋以治目。」鄭注曰：「治凡，若月計也；治目，若今日計也。」

然則「凡」之與「目」，事有鉅細，故以對言，正與「遠近」「微顯」一例。余著羣經平議，

未見及此，故於此發之。

「惟」字，古人亦用爲連及之詞。禹貢篇，「齒、革、羽、毛惟木」是也，酒誥篇，「爾

大克羞耇惟君，」此本承上文「奔走事厥考厥長」而言。耇，即考也；君，即長也；惟者，

連及之辭。猶云「爾大克進獻爾考與爾長」也。下文曰：「又惟殷之迪諸臣惟工。」「臣惟

工」與「耇惟長」一律。枚傳曰：「女大能進老成人之道，則爲君矣。」未達「惟」字之義。

卷五

五十二　兩字義同而衍例

古書有兩字同義而誤衍者，蓋古書未有箋注，學者守其師說，口相傳受，遂以訓詁之字誤入正文。周官亭人：「職外內饔之爨亨煮。」既言「亨」，又言「煮」，由古之經師相傳，以此「亨」字乃「亨煮」之「亨」，而非「亨通」之「亨」，因誤經文「爨亨」爲「爨亨煮」矣。王氏念孫謂誤始唐石經，非也。

周易履六三象傳：「不足以與行也。」按：「以」字衍文。傳文本云：「眇能視，不足以有明也；跛能履，不足與行也。」古「與」「以」二字通用。上句用「以」字，下句用「與」字，乃虛字變換之例，說見前。學者不知「與」字之即「以」字，而更加「以」字於「與」字之上，轉爲不辭矣。

隱元年左傳：「有文在其手曰：『爲魯夫人。』」按：「曰」字，衍文也，閔二年傳，「有文在其手曰『友』」；昭元年傳，「有文在其手曰『虞』」。彼傳無「爲」字，故有「曰」

字；此傳有「爲」字，即不必有「曰」字。猶桓四年公羊傳：「一曰乾豆，二曰賓客，三曰

充君之庖。」穀梁傳作「一爲乾豆，二爲賓客，三爲充君之庖。」有「爲」字則無「曰」字，

是其例也。「曰」「爲」並用，亦兩字同義而誤衍。

國語晉語：「若無天乎？云若有天，吾必勝之。」王氏念孫曰：「云字當在若字下，『若

無天乎』爲一句，『若云有天』爲一句。」今按：王說是矣，而未盡也。古本蓋止作「若無

天乎？若云天，吾必勝之。」廣雅釋詁曰：「云，有也。」文二年公羊傳曰：

「大旱之日短而云災，故以災書。此不雨之日長而無災，故以異書也。」「云災」、「無災」，

相對爲文，云災，即有災也。此以「無天」、「云天」相對爲文，正與彼同。「云」、「有」

二字同義而誤衍，傳寫又誤倒之耳。

大戴記五帝德篇：「闇昏忽之義。」按大戴原文本作「闇忽之義」，與上文「上世之傳，

隱微之說」文法一律。其衍「昏」字者，闇，即昏也。禮記祭義篇鄭注曰：「闇，昏時也。」

「闇」、「昏」二字同義而誤衍。

老子弟六十八章：「是謂配天古之極。」按：老子原文當作「是謂配古之極」，與上文

「是謂不爭之德，是謂用人之力」文法一律。其衍「天」字者，古，即天也。尚書堯典鄭注

曰：「古，天也。」「天」、「古」二字同義而誤衍。

晏子春秋諫下篇：「聾瘖非害國家而如何也。」按：「如」字衍文，「而」即「如何」，有「而」字不必更有「如」字。

管子君臣上篇：「非茲是無以理人，非茲是無以生財。」按：「是」字衍文，「非茲」即「非是」，有「茲」字不必更有「是」字。

墨子備城門篇：「令吏民皆智知之。」按：智、知義同。釋名釋言語曰：「智，知也。」墨子原文本作「令吏民皆智之」。傳其學者謂此「智」字乃知識之「知」，因相承而衍「知」字矣。淮南子人閒篇：「曉然自以爲智知存亡之樞機，禍福之門戶。」「知」字亦誤衍，與墨子同。

五十三　兩字形似而衍例

凡兩字義同者，往往致衍，已見前矣。兩字形似者，亦往往致衍。荀子仲尼篇：「求善處大重，理任大事，擅寵於萬乘之國，必無後患之術。」按：「處大重」「任大事」相對爲文，「重」下不當有「理」字。楊注曰，「大重，謂大位也，」亦不釋理字之義。是「理」

字衍文，蓋即「重」字之誤而衍者也。

墨子非攻下篇：「率不利和。」按：「利」〔一〕字衍文，「率」乃「將率」之「率」，言將
率不和也。

又，天志下篇：「而況有踰人之牆垣，抯格人之子女者乎？」按：「抯」字衍文，「格
人之子女」與「踰人之牆垣」相對成文，「抯」即「垣」字之誤而衍者。

列子說符篇：「今趙氏之德行無所施於積。」按：呂氏春秋愼大篇無「施」字，「施」
即「於」字之訛而衍也。

韓非子詭使篇：「名之所以成，城池之所以廣者。」按：「池」乃「地」字之誤，「名
之所以成」，「地之所以廣」，相對成文，不當有城字，「城」即「成」字之訛而衍也。

呂氏春秋安死篇：「此言不知鄰類也。」按：聽言篇曰，「乃不知類矣；」達鬱篇曰，
「不知類耳。」竝無「鄰」字。此云「鄰類」，義不可通。「鄰」即「類」字之誤而衍也。

商子兵守篇：「四戰之國，好舉與兵以距四鄰者國危。」「舉」字即「與」字之誤而衍。

管子事語篇：「彼壞狹而欲舉與大國爭者。」「舉」字即「與」字之誤而衍。呂氏春秋異寶

〔一〕按：「利」，原訛作「和」；下文「利即和」，原訛作「和即利」。——校點者

篇：「其主俗主也，不足與舉。」「舉」字亦卽「與」字之誤而衍。淮南子泰族篇：「夫欲治之主不世出，而可與興治之臣不萬一。」「興」字亦卽「與」字之誤而衍。春秋繁露考功名篇：「其先比二三分以爲上中下以考進退。」按一句中因誤而衍者二字。「比」卽上「先」字之誤，「二」卽下「三」字之誤。太玄永次四：「子序不序。」按：上「序」字卽上「子」字之誤而衍者，而不居子之次序。」是王涯本正作「子不序」也。又，居次三：「長幼序序子克父。」按：下「序」字卽下「子」字之誤而衍者。宋陸王本並作「長幼序子克父」，獨范望本衍一「序」字。

五十四　涉上下文而衍例

古書有涉上下而誤衍者。既濟彖辭：「亨小利貞。」「小」字衍文，涉下文未濟「亨小狐汔濟」而誤衍也。禮記檀弓篇，「禮有微情者，有以故興物者，有直情而徑行者，」弟三句「有」字衍文。「有微情者，有以故興物者，」皆禮之所有，直情而徑行者，戎狄之道也，本非禮之所有，安得言有乎？此「有」字涉上兩「有」字而誤衍也。

周書大匡篇：「樂不牆合。」按：牆，合二字無義，涉下句「牆屋有補無作」之文，誤衍「牆」字也。盧氏文弨以宮縣釋之，則曲說矣。

管子正篇：「能服信政，此謂正紀；能服日新，此謂行理。」按：上文云：「立常行政，能服信乎？中和慎敬，能服日新乎？」此承上文而言，當作「能服日新，此謂行理。」上句政字，涉上文「臨政官民」而衍；下句服字，即涉上句「能服信」而衍。

墨子尚同下篇：「故又使國君選其國之義，以義尚同於天子。」下「義」字涉上「義」字而衍，以上下文證之可見。

呂氏春秋侈樂篇：「遂而不返，制乎嗜欲；制乎嗜欲無窮，則必失其天矣。」下「制乎」字，涉上「制乎」字而衍。適威篇：「子陽極也，好嚴有過；而折弓者恐必死，遂應猵狗而弒子陽，極也。」上「極也」字涉下「極也」字而衍。壹行篇：「陵上巨木，人以為期，易知故也，又況於士乎？士義可知故也，則期為必矣。」下「故也」字涉上「故也」字而衍。又，遇合篇：「客有進狀，有惡其名，言有惡狀。」按：此十二字中衍三字，皆涉上下文而誤衍者也。「客」字下，涉下而衍「有」字；「其」字下，涉上文「楚王怪其名」句而衍「名」字；末「狀」字亦涉上而衍。呂氏原文本作「客進狀有惡，其言有惡。」兩「有」字均讀為

「又」。「狀又惡，其言又惡，」即下文所謂「惡足以駭人，言足以喪國」也。今多衍字，致不可解，此古書之所以難讀也。

五十五　涉注文而衍例

古書有涉注文而誤衍者。詩丘中有麻篇：「將其來施。」傳曰：「施施，難進之貌。」箋云：「施施，舒行伺閒，獨來見己之貌。」按經文止一「施」字，而傳、箋並以「施施」釋之，此以重言釋一言之例，說見前。今作「將其來施施」，即涉傳、箋而誤衍下「施」字。顏氏家訓書證篇曰：「江南舊本悉單為『施』。」

大戴記曾子制言篇：「其功守之義，有知之則願也，莫之知苟吾自知也。」按：「其功守之義」五字，乃盧注之誤入正文者，孔本、阮本均已訂正。

禮記檀弓篇：「望反諸幽，求諸鬼神之道也。」按「反」字衍文。據正義曰：「望諸幽者，求諸鬼神之道也。」是記文本無「反」字，乃涉上注文「庶幾其精氣之反」因而誤衍。

緇衣篇：「毋以嬖御士疾莊士大夫卿士。」注曰：「莊士亦謂士之齊莊得禮者，今為大夫卿士。」又，禮記原文本作「毋以嬖御士疾莊士」，與上文「毋以嬖御人疾莊后」一律。

鄭注：「今爲大夫卿士，」本作「或爲大夫卿士。」蓋別本有作「毋以羹御士疾大夫卿士」

者，故鄭記其異也。今正文作「莊士大夫卿士」，卽涉注文而衍；又改注文「或爲」作「今

爲」，而正義從而爲之辭，失之甚矣。

商子墾令篇：「姦民無主，則爲姦不勉；姦民無樸，則農民不

敗。」鄭宋本於「姦民無樸」下，有「樸根株也」四字，乃舊解之誤入正文者。

韓非子難三篇：「且夫物衆而智寡，寡不勝衆，智不足以徧知物，故則因物以治物；下

衆而上寡，寡不勝衆者，言君不足以徧知臣也，故因人以知人。」按韓非原文本作「且夫物

衆而智寡，寡不勝衆，故因物以治物；下衆而上寡，寡不勝衆，故因人以知人。」舊注於上

句「寡不勝衆」云：「言智不足以徧知物也；」於下句「寡不勝衆」云：「言君不足以徧知

臣也。」傳寫誤入正文，而又有錯誤，遂不可讀。

五十六　涉注文而誤例

考工記梓人：「強飲強食，詒女曾孫諸侯百福。」注曰：「曾孫諸侯，謂女後世爲諸侯

者。」按：正文「諸侯」當作「侯氏」，此以「詒女曾孫侯氏百福」八字爲句。大戴記投壺

篇載此辭曰：「強食食爾曾孫侯氏百福，」雖文有奪誤，而正作「曾孫侯氏百福」可證也。

鄭君此注，本云「曾孫侯氏，謂女後世爲諸侯者。」正文「侯氏」，涉注文而誤作「諸侯」，於是并改注文亦作「曾孫諸侯」矣。

韓非子外儲說左篇：「吾父獨冬不失袴。」舊注曰：「刖足者不衣袴，雖終其冬夏，無所損失也。」按：正文本作「吾父獨終不失袴」，故注以「終其冬夏無所損失」釋之。今作「冬不失袴」，即涉注文而誤「終」爲「冬」，此皆涉注而誤者也。

五十七　以注說改正文例

段氏玉裁曰：「司巫：『祭祀則共匰主，及道布，及鉏館。』杜子春云：『鉏讀爲蒩。蒩，藉也，』書或爲『蒩』。今本改云：『蒩讀爲鉏，鉏，藉也。』則不可通。『蟈氏：下士一人。』鄭司農云：『蟈讀爲蜮。蜮，蝦蟇也。』今本改云：『蟈讀爲蟈；蟈，蝦蟇也。』則不可通。『土馴』，鄭司農云：『馴讀爲訓，謂以遠方土地所生異物告道王也。』今本改云：『訓讀爲馴。』則不可通。　祭統：『鋪筵設詷几。』鄭注：『同之言詷也。』今本改『詷之言同。』以易識之字更爲難字，則不可通。　穆天子傳：『道里悠遠，山川諫之。』郭注：

『諫音閒。』是即讀『諫』爲『閒』，明段借法也。今作『閒音諫』，則非。西京賦：『烏獲缸鼎。』李善注曰：『說文，扛，橫關對舉也。缸與扛同。』吳都賦：『虥將帥之權勇。』李注：『毛詩曰：「無拳無勇。」「權」與「拳」同。』今本正文作『扛』，注文又誤舛而不可通。以上諸條，皆因先用注說改正文，又用已改之正文改注，於是字與義不謀，上與下不貫矣。」按段氏此論，前人所未發，讀古書者不可不知也。

周易坤：「初六履霜。」釋文曰：「鄭讀履爲禮。」按：履霜之義，明白無疑，鄭讀爲「禮」，義不可通。疑鄭氏所據本作「禮霜」，鄭注則曰「禮讀爲履」，破段字而讀以本字也。後人用注說改經，又以既改之經文改注，而陸氏承其誤耳。

五十八　以旁記字入正文例

周官巫祝：「春招弭以除疾病。」注曰：「杜子春讀弭如彌兵之彌。」按：經文「弭」字當作「彌」，注文「彌」字當作「弭」，蓋經文作「彌」，而杜子春讀爲弭兵之「弭」，左傳「弭兵」字，作「弭」不作「彌」也。後人以注說改經文，遂改注文作「彌兵」，而義不可通矣。

王氏念孫曰：「書傳多有旁記之字誤入正文者。趙策：『夫董閼于，簡主之才臣也。』『閼』與『安』，古同聲，卽董安于也。後人旁記『安』字，而寫者並存之，遂作『董閼安于』。史記曆書：『端蒙者，年名也。』端蒙，旃蒙也。後人旁記『旃』字，而寫者並存之，遂作『端旃蒙』。刺客傳：『臣欲使人刺之，衆莫能就。』衆者，終之借字也。後人旁記『終』字，而寫者並存之，遂作『衆終莫能就』。漢書翟方進傳：『民儀九萬夫。』『儀』與『獻』，古同聲，卽民獻也。後人旁記『獻』字，而寫者並存之，遂作『民獻儀九萬夫』。」按：此皆旁記字之誤入正文者也。

周書命訓篇：「通道通天以正人。」按：下文云：「正人莫如有極，道天莫如無極。道天有極則不威，不威則不昭；正人無極則不信，不信則不行。」皆以『道天』『正人』對舉。然則此文當作「道天以正人」。襄三十一年左傳注、荀子禮論篇注，並曰：「道，通也。」道天以正人，卽通天以正人。疑他本或有作『通』字者，後人旁記於此，傳寫誤入正文，則爲「道通天以正人」，文不成義，乃又於『道』上加『通』字耳。

國語晉語：「不可以封國。」按：『國』字衍文。楚語曰：「其生不殖，不可以封。」韋注曰：「封，國也。」此作「不可以封國」者，蓋由別本作「國」，後人旁記于此而誤屬入也。

管子版法解篇：「故莫不得其職姓。」按：「得職」猶「得所」。漢書趙廣漢傳，「小民得職，」是其義也。職姓連文，甚為不辭。姓者，「性」字之誤；得其性，即得其職也。此亦後人旁記異文而誤合之也。明法解篇：「孤寡老弱不失其所職，」「所職」二字，亦為不辭，誤與此同。

荀子禮論篇：「大路之素未集也。」楊注曰：「未集，不集丹漆也。」此說於義未足，殆非也。「未」當為本末之「末」。素末是一事，素集是一事，亦寫者旁記異文而誤合之也。「末」者「髤」之叚字。上文「絲末」，楊注「末」與「髤」同，是其證。大戴記禮三本篇作「素幭」，「幭」與「髤」同。荀子作「末」之本，與大戴記合。「集者」，「幭」之叚字。

「集」音轉而為「就」，詩小旻篇，與猶、咎、道為韻，是其證。故「集」字得讀為「幭」，史記禮書正作「素幭」，荀子作「集」之本，與史記合。

墨子雜守篇：「守節出入，使主節必疏書，署其情，令若其事。而須其還報，以劍驗之。」墨子原文，蓋止作「劍之」。假「劍」為「驗」，「劍之」即「驗之」也。韓非子外儲說左上篇：「以馬為不進盡，釋車而走。」進、盡二字不可通。韓非子原文，

劍、驗二字不可通。

蓋止作「不盡」。假「盡」爲「進」，「不盡」卽「不進」也。凡此皆後人旁記異文而誤入之，與義同誤衍之例，可以參觀。

五十九　因誤衍而誤刪例

凡有衍字，宜從刪削，乃有刪削不當，反失其本眞者，周易升象傳：「君子以順德，積小以高大。」釋文曰：「以高大，本或作以成高大。」按：此本作「積小以成大」，正義所謂「積其小善以成大名」也。後誤衍「高」字而作「積小以成高大」，則累於辭矣。校者不知「高」字之衍而誤刪「成」字，此刪削不當而失其本眞者也。

淮南子道應篇：「洞洞屬屬而將不能，恐失之。」高注曰：「而將不能勝之，恐失之。」按：正文本作「而將不能勝之」，「而」與「如」，古通用，謂「如將不能勝之」也。高注「恐失之」三字，正解「如不能勝之」義。此三字誤入正文，校者反刪去「勝之」二字，亦刪之不當者也。

六十　因誤衍而誤倒例

校古書者固蓁滅裂，有遇衍字不加刪削，而以意移易使成文理者，大戴記哀公問於孔子

篇：「君何以謂已重焉？」此本作「君何謂以重焉」。「以重」即「已重」，「以」「已」
古字通也。後人據小戴記作「已」，旁記「已」字，因而誤入正文，校者不知刪削，乃移
「以」字於「謂」字之上，使成文理。此因誤衍而誤倒者也。

楊子太玄玄瑩篇：「嘖情也，抽理也，瑩事也，昭君子之道也。」按上文云：「陰陽所
以抽嘖也，從橫所以瑩理也，明晦所以昭事也。」此當云「抽嘖也，瑩理也，昭事也」，方
與上合。今「抽嘖」誤作「嘖情」，「情」字蓋即「嘖」字之誤而衍者，於是移「抽」字以
易下句「瑩」字，而「瑩理」誤作「抽理」矣。又「瑩」字以易下句「昭」字，而「昭事」
誤作「瑩事」矣。至「昭」字無可易，乃移置下句之首，而「君子之道也」誤作「昭君子之
道也」。蓋因一字之誤衍，而遂使諸字以次而蠹降，以此校書，亦可云不憚煩矣。

六十一　因誤奪而誤補例

凡有奪字則當校補；乃有校補不當，以至補非其字者。大戴記曾子立事篇：「多知而無
親，博學而無方，好多而無定者，君子弗與也。」按：下文云：「君子多知而擇焉，博學而

算焉，多言而愼焉。」據此，則本文「好多」二字亦當作「多言」，校者因奪「言」字而誤補「好」字，此校補之不當者也。又曾子本孝篇：「庶人之孝也以力惡食。」按：「以力惡食」本作「以任善食」，盧注所謂「分地任力致甘美」是也。今「任善」二字，誤移在下句之首，作「任善不敢臣三德」，甚爲無義，可知其誤。此文因奪「任善」二字而誤補「力惡」二字，亦校補之不當者也。

六十二　因誤字而誤改例

爾雅釋草：「中馗菌，小者菌。」注，於上句曰：「地蕈也，似蓋。今江東名爲土菌，亦曰馗廚，可噉之。」又，注下句曰：「大小異名。」按：中馗謂之菌，小者又謂之菌，何以見大小之異名乎？據說文草部：「菌，地蕈也。」疑古本爾雅作「中馗地蕈小者菌」。故說文卽以地蕈說菌，蓋對文別而散文通也。因正文奪「地蕈」二字，校者據注中「土菌」之文臆補「菌」字，而大小異名者，轉若大小同名矣。注文「地蕈似蓋」句，本無「也」字，乃舉正文地蕈而釋之。今正文奪「地蕈」字，而誤補「菌」字，則「地蕈」字于正文無見，乃增注文作「地蕈也」，而其誤不可復正矣。

凡遇誤字則宜改正，乃有改之不得其字而益以成誤者。周書謚法篇：「純行不二曰定。」

按：此本作「純行不忒曰定」。古書「忒」字，或以「貳」字為之。尚書洪範篇「衍忒」，史記宋世家作「衍貳」，是其證也。「貳」譌作「貳」，後人因改作「二」矣。又，史記篇：「奉孤而專命者，謀主必畏其威而疑其前事。」按：「謀主」二字不可曉，當作「其主」，言其主必畏而疑之也。「其」誤作「某」，後人因改作「謀」矣。此皆因誤字而誤改，益以成誤者也。

管子霸言篇：「故貴為天子，富有天下，而伐不謂貪者，其大計存也。」按：「伐」乃「代」字之誤。管子原文本作「世不謂貪」，言一世之人不以為貪也。唐人避諱，改「世」為「代」，後人傳寫又誤「代」為「伐」。

荀子非相篇：「傳者久則論略，近則論詳。」按：兩「論」字皆「俞」字之誤。「俞」讀為「愈」，古字通用，見本書榮辱篇注。韓詩外傳正作「久則愈略，近則愈詳」，可證也。「俞」字誤作「侖」，校者又誤改作「論」。

韓非子主道篇：「是以不言善應，不約而善增。」按：道藏本、趙用賢本，「不言」下皆有「而」字，當從之。「增」乃「會」字之誤。「不言而善應」，語本老子。「不約而善會」，亦卽老子所謂「善結無繩約而不可解」也。善會，猶善結也。「會」字誤作「曾」，校者又誤改作「增」。

六十三　一字誤爲二字例

古書有一字誤爲二字者。禮記祭義篇：「見間以俠甒。」鄭注曰：「『見間』當爲『覵』。」史記蔡澤傳：「吾持粱刺齒肥。」索隱曰：「『刺齒肥』當爲『齧肥』。」孟子公孫丑篇：「必有事焉而勿正心。」日知錄載倪文節之語，謂當作「必有事焉而勿忘」。

禮記緇衣篇：「信以結之，則民不倍；恭以涖之，則民有孫心。」惠氏棟九經古義，謂：「孫心」當作「愻」。說文：「愻，順也。書云：『五品不愻。』今文尚書作『訓』，古文尚書作「愻」，今孔氏本作「孫」，衞包又改作「遜」，古字亡矣，緇衣猶存古字耳。

尚書多方篇：「我有周惟其大介賚爾。」按：枚氏因大介連文，而以「大大賜汝」釋之，不詞甚矣。說文大部：「夰，大也。從大，介聲，讀若蓋。」凡經傳訓大之介，皆其叚字也。此經疑用本字，其文曰：「我有周惟其夰賚爾。」夰賚，卽大賚也。後人罕見「夰」字，遂誤分爲「大介」二字。

國語晉語：「吾觀晉公子，賢人也。其從者，皆國相也。以相一人，必得晉國。」按：僖二十三年左傳曰：「吾觀晉公子之從者，皆足以相國；若以相，夫子必反其國。」疑此文「一人」二字乃「夫」字之誤。「以相」絕句，即左傳所謂「若以相」也。「夫必得晉國」絕句，即左傳所謂「夫子必反其國」也。「夫」者指目其人之辭，說詳襄二十三年左傳正義。今誤作「一人」二字，義不可通矣。

六十四　二字誤為一字例

古書亦有二字誤合為一字者。襄九年左傳：「閏月」。杜注曰：「『閏月』當為『門五日』，『五』字上與『門』合為『閏』，則後學者自然轉『日』為『月』。」按：古鐘鼎文往往有兩字合書者，如石鼓文「小魚」作「鱻」，散氏銅盤銘「小子」作「孨」是也。古人作字，但取疏密相閒，經典傳寫，則遂并為一字矣。

禮記檀弓篇：「從母之夫，舅之妻，二夫人相為服。」按：「夫」字衍文也，「二人」兩字以正其誤，而傳寫誤合之，遂成「二夫人」矣。國語「夫」字誤分為「一人」二字，檀弓「二人」字誤合為「夫」字，甚矣古書之難讀也！

淮南子說林篇：「狂者傷人，莫之怨也；嬰兒詈老，莫之疾也；賊心忘。」陳氏觀樓曰：「忘」字當爲『亡也』二字之譌。亡，無也。言狂者與嬰兒，皆無賊害之心，故人莫之怨也。」按：此亦二字合爲一字者。又，人閒篇：「孫叔敖病疸將死。」按：「病」字「將」字並衍文也。「疸」字乃「疒且」二字之誤。說文疒部：「疒，痀也。人有疾痛，象倚箸之形。」朱氏駿聲謂：「疒乃疾病之本字。疾字，從矢，疒聲，乃疾速之本字。後人叚『疾』爲『疒』而疒廢矣。」愚按：其說是也。「孫叔敖疒且死」，猶云「孫叔敖疾且死」也。其事亦見列子說符篇、呂氏春秋異寶篇，竝作「孫叔敖疾將死」。將，猶且也。彼作「疾」，此作「疒」，古今字耳。因「疒且」二字誤合爲「疸」字，後人乃於上加「病」字，下加「將」字，失之矣。又脩務篇：「琴或撥剌枉橈，闊解漏越，而稱以楚莊之琴，側室爭鼓之。」高注曰：「『側室』或作『廟堂』」。按：「側室」及「廟堂」均無義。疑淮南原文本作「則尚士爭鼓之。」「尚」與「上」通，尚士，即上士也。考工記：「桃氏爲劍」，「弓人爲弓」，竝有「上士服之」之文。故此言琴，亦曰「上士鼓之」也。上文曰：「今劍或絕側羸文，齧缺卷鈺，而稱以頃襄之劍，則貴人爭帶之。」兩文相對，此曰「則上士爭鼓之」，猶彼曰「則貴人爭帶之」也。因叚「尚」爲「上」，而「尚士」二字誤合爲「堂」字，淺人因改曰「則」

字爲「廟」字，高所見或本是也。又因古本實是「則」字，遂改「堂」字爲「室」字，而加人旁於「則」字之左，使成「側」字，高所據本是也。展轉致誤，而要皆由於「尙士」二字之誤合爲「堂」字，所宜悉心校正也。

六十五　重文作二畫而致誤例

古人遇重文，止於字下加二畫以識之，傳寫乃有致誤者。如詩碩鼠篇：「逝將去女，適彼樂土；樂土樂土，爰得我所。」韓詩外傳兩引此文，並作「逝將去女，適彼樂土，爰得我所。」又引次章亦云：「逝將去女，適彼樂國；適彼樂國，爰得我直。」此當以韓詩爲正。詩中疊句成文者甚多。如中谷有蓷篇疊「慨其歎矣」兩句，丘中有麻篇疊「彼留子嗟」兩句，皆是也。毛、韓本當不異。因疊句從省不書，止作「適二彼二樂二土二」，傳寫誤作「樂土樂土」耳。下二章同此。

莊子胠篋篇：「故田成子有乎盜賊之名，而身處堯、舜之安，小國不敢非，大國不敢誅，十二世有齊國。」釋文曰：「自敬仲至莊子，九世知齊政；自太公和至威王，三世爲齊侯，故云十二世。」按：此說非也。本文是說田成子，不當追從敬仲數起。莊子原文，本作「世

世有「齊國」，言自田成子之後，世有齊國也。古書重文從省不書，止於字下作「二」識之，

應作「世＝有齊國」；傳寫誤倒之，則爲「二世有齊國」，於是其文不可通。而從田成子追

數至敬仲，適得十二世，遂臆加「十」字於其上耳。

六十六　重文不省而致誤例

亦有遇重文不作＝畫，實書其字而致誤者。周書典寶篇：「一孝子畏哉，乃不亂謀。」

按：本作「一孝，句 孝畏哉，乃不亂謀。」猶下文曰：「二悌，悌乃知序。」「悌」下疊

「悌」字，則「孝」下必疊「孝」字矣。今作「孝子畏哉」，「子」即「孝」字之誤也。又

下文曰：「三慈惠，慈惠知長幼。」當作「三慈惠，慈惠知長幼。」「慈惠」下疊「慈惠」字，

猶「孝」下疊「孝」字，「悌」下疊「悌」字也。今作「茲知長幼」，「茲」即「慈」字之

誤也。此皆重文不省，而轉以致誤者也。

六十七　闕字作空圍而致誤例

校書遇有缺字，不敢臆補，乃作口以識之，亦闕疑之意也。乃傳寫有因此致誤者。大戴

記《武王踐阼》篇：「機之銘曰：『皇皇惟敬，口生詬，口戕口。』」盧曰：「詬，恥也。言爲君子榮辱之主，可不愼乎？詬，詬嘗也。」孔氏廣森補注曰：「詬有兩訓，疑記文本作『詬生詬』，故盧意謂君有詬恥之言，則致人之詬嘗也。」按：此說是也。惟其由詬生詬，故謂之「口戕口」。今作「口生詬」者，蓋傳寫奪「詬」字，校者作空圍以記之，則爲「口生詬」，遂誤作「口戕口」矣。

六十八　本無闕文而誤加空圍例

亦有本無闕文而傳寫誤加空圍者。周書《寤敬》篇：「欲與無口則，欲攻無庸，以王不足。」按：此三句本無闕文，「欲與無則，欲攻無庸，以王則不足，」皆四字爲句。言欲與之而無則，欲攻之而無庸，以王則不足也。下文周公之言曰：「奉若稽古維王，克明三德維則，戚和遠人維庸。」正對此三句而言。淺人不知「無則、無庸」相對成文，而以「則」字屬下句，因疑「欲與無」下尚有闕文，乃作口以識之耳。又，《本典》篇：「能求士口者，智也；與民利者，仁也。」按：兩句一律，上句不當有闕文，誤加空圍，宜刪。又，《官人》篇：「問則不對，佯爲不窮，口貌而有餘。」按：貌上本無闕文，「而」讀爲「如」，貌如有餘，卽所謂佯爲不

窮也。誤加空圍，亦宜刪。又云：「有知而言弗發，有施而□弗德。」按：此文本作「有知

而弗發，有施而弗德。」「發」讀爲「伐」，古字通用。「有知而弗伐，有施而弗德，」皆

五字爲句。上句本無「言」字，下句亦無闕文。學者不知「發」與「伐」同，而臆加「言」

字，則下句少一字矣，因作空圍以識之也，亦宜刪。以上三條，竝見王氏念孫讀書雜志。

六十九　上下兩句互誤例

古書有上下兩句平列，而傳寫互誤其字者。詩江漢篇：「江漢浮浮，武夫滔滔。」王氏引之曰：「當作『江漢滔滔，武夫浮浮。』」小雅四月篇：「滔滔江漢。」此云「江漢滔滔，」義與彼同。「浮」與「儦」聲義相近，「江漢滔滔，武夫浮浮，」猶齊風載驅篇：「汶水滔滔，行人儦儦」也。寫經者「滔滔」「浮浮」上下互譌，後人又改傳、箋以從之，莫能是正矣。說見經義述聞。

禮記明堂位篇：「夏后氏之四璉，殷之六瑚。」按包咸、鄭玄注論語，賈逵、服虔、杜預注左傳，皆云：「夏曰瑚，殷曰璉」與此不同。據論語云：「瑚璉也。」先瑚後璉，則瑚屬夏，而璉屬殷明矣。若是夏璉殷瑚，當云「璉瑚」，不當云「瑚璉」也，蓋記文傳寫誤倒耳。

周書大聚篇：「立勤人以職孤，立正長於順幼。」按：此當作「立正長以勤人，立職孤以順幼。」蓋立正長所以勤民事，而立職孤所以使幼者得遂其生也。正長也，職孤也，皆其名也；勤人也，順幼也，皆其事也。「立職孤以順幼」，與下句「立職喪以卹死」，文法正同，傳寫誤倒，失其義矣。

爾雅釋木：「唐棣，栘。常棣，棣。」〔二〕按：詩何彼襛矣篇、采薇篇，毛傳說「唐棣」「常棣」，均與爾雅合。晨風篇傳，「棣，唐棣也，」則與爾雅異，此必有一誤。而彙明書引孔氏論語解曰：「唐棣，棣也，」亦與晨風傳同。玉篇木部：「櫠，徒郎切，棣也。」「櫠」即「唐」字，疑毛傳當以晨風爲正，餘篇乃後人據爾雅改之。其實爾雅之文，本作「唐棣，棣。常棣，栘。」今本傳寫互易，非其舊也。爾雅一書，訓釋名物，尤易混淆。釋山：「多草木岵，無草木岵。」詩陟岵篇毛傳曰：「山無草木曰岵，山有草木曰屺。」又：「石戴土謂之崔嵬，土戴石爲砠。」卷耳篇毛傳曰：「崔嵬，土山之戴石者。石山戴土曰砠。」其義並與爾雅相反。正義謂「傳寫誤」也。釋天：「春爲蒼天，夏爲昊天。」書堯典正義曰：「鄭玄讀爾雅曰：『春爲昊天，夏爲蒼天。』」則爾雅一書之傳述不同，自昔然矣。

〔一〕按此二句均見爾雅釋木；原作釋草，誤。——校點者

周官職方氏：「正南曰荆州，其浸潁湛。」鄭注曰：「潁水出陽城，宜屬豫州，在此非

也。」「河南曰豫州，其浸波溠。」注曰：「春秋傳：『除道梁溠，營軍臨隨，』則溠宜屬

荆州，在此非也。」蓋荆、豫二州相次，傳寫誤倒之耳。凡此之類，安得有如鄭君之卓識悉

爲考定哉？

論語季氏篇：「不患寡而患不均，不患貧而患不安。」按：寡、貧二字，傳寫互易，此

本作「不患貧而患不均，不患寡而患不安。」「貧」以財言，「不均」亦以財言；不均則不

如無財矣，故「不患貧而患不均」也。「寡」以人言，「不安」亦以人言；不安則不如無人

矣，故「不患寡而患不安」也。春秋繁露度制篇引孔子曰：「不患貧而患不均，」可據以訂

正。

管子八觀篇：「萬家以下，則就山澤可矣；萬家以上，則去山澤可矣。」按：下、上二

字，傳寫互易。上云：「萬家之衆，可食之地，方五十里，可以爲足矣。」是方五十里之地，

可食萬家之衆。然萬家或有盈絀，故此又分別言之：「若在萬家以上，則宜兼就山澤之地；

若在萬家以下，則山澤之地可去也。」如今本義不可通，所宜訂正。

老子弟十章：「愛民治國，能無知乎？」又曰：「明白四達，能無爲乎？」按：上句當

作「無爲」，下句當作「無知」。愛民治國，能無爲乎？即所謂「取天下當以無事」也。明

白四達，能無知乎？即所謂「知其白，守其黑」也。易州唐景龍二年刻石本正如此，而王弼

本誤倒之。至河上公本，兩句皆作「無知」，則詞複矣。

淮南子天文篇：「日冬至則水從之，日夏至則火從之，故五月火正而水漏，十一月水正

而陰勝。」按：日冬至則水從之，日夏至則火從之，水、火二字當互易。冬至一陽生，故日

冬至而火從之也；夏至一陰生，故日夏至而水從之也。「五月火正而水漏」，正說「夏至水

從之」之義；言五月火方用事，而水氣已滲漏也。「十一月水正而陰勝」，「陰」乃「火」

字之誤，「勝」字當讀爲「升」。「勝」、「升」古通用，謂十一月水方用事，而火氣已上

升也，正說「冬至火從之」之義，如此則與下文一貫矣。此亦上下兩句互誤者也。

七十　上下兩句易置例

古書凡三四句平列者，其先後本無深義，傳寫或從而易置之。文選干令升晉紀總論曰：

「太康之中，天下書同文，車同軌。」李善注引禮記：「子曰：『今天下書同文，車同軌。』」

視今本兩句倒置，此或因正文而誤。然奏彈曹景宗文曰：「將一車書。」曲水詩序曰：「合車

書於南北。」注並引禮記曰：「書同文，車同軌。」此則非因正文而然。疑李氏所據禮記與今不同也。

論語公冶長篇：「朋友信之，少者懷之。」韓詩外傳引作「少者懷之，朋友信之。」雍也篇：「知者樂水，仁者樂山。」李鼎祚周易集解引作「仁者樂山，知者樂水。」泰伯篇：「啟予足，啟予手。」魏書崔光傳引作「啟予手，啟予足。」「巍巍乎其有成功也，煥乎其有文章。」後漢書馬融傳注引作「煥乎其有文章，巍巍乎其有成功。」鄉黨篇：「惡衣服而致美乎黻冕，菲飲食而致孝乎鬼神。」文選東京賦注引作「惡衣服而致美乎黻冕，菲飲食而致孝乎鬼神。」「與下大夫言，侃侃如也；與上大夫言，誾誾如也。」史記孔子世家作「與上大夫言，誾誾如也；與下大夫言，侃侃如也。」先進篇：「言語宰我、子貢，政事冉有、季路。」鹽鐵論作「政事冉有、季路，言語宰我、子貢。」「有民人焉，有社稷焉。」論衡問孔篇作「有社稷焉，有民人焉。」顏淵篇：「非禮勿視，非禮勿聽，非禮勿言，非禮勿動。」禮記曲禮正義引作「非禮勿動，非禮勿言，非禮勿聽，非禮勿視。」子路篇：「父為子隱，子為父隱。」韓詩外傳引作「子為父隱，父為子隱。」憲問篇：「晉文公譎而不正，齊桓公正而不譎。」風俗通皇霸篇引作「齊桓公正而不譎，晉文公譎而不正。」季氏篇：「危而不

持，顚而不扶。」後漢書安帝紀引作「顚而不扶，危而不持。」子張篇：「仕而優則學，學

而優則仕。」玉篇人部仕下引作「學而優則仕，仕而優則學。」以上竝見翟氏灝論語考異。

按：卽論語一書，而它書所引上下倒置者已不可勝計，則羣經可知矣。雖於義理無甚得失，

亦讀古書者所宜知也。

大戴記禮三本篇：「天地以合，四時以洽，日月以明，星辰以行。」按：「日月以明」當

在「四時以洽」之上，自此至終篇，皆兩句一韻也。荀子樂論，史記樂書，皆不誤，可據以訂

正。又，少閒篇：「糟者猶糟，實者猶實，玉者猶玉，血者猶血，酒者猶酒。」按：「酒者

猶酒」句當在「糟者猶糟」下，二語相對成文，糟濁而酒淸也。「玉者猶玉」，「血者猶血」，

二語亦相對，玉白而血赤也。至「實者猶實」句，或別有對文而今闕之，當爲衍句。

老子弟二十一章：「道之爲物，惟恍惟惚。惚兮恍兮，其中有象；恍兮惚兮，其中有

物。」按：「惚兮恍兮」兩句，當在「恍兮忽兮」之下。蓋承上「惟恍惟惚」之文，故先

言「恍兮惚兮，其中有物，」與上文「道之爲物，惟恍惟惚」四句爲韻。下云「惚兮恍兮，

其中有象，」乃始轉韻也。王弼注曰：「萬物以始以成，而不知其所以然，故曰：『恍兮惚

兮，惚兮恍兮，其中有象』也。」注文當是全舉經文，而奪「其中有物」四字，可知王氏所

據本猶未倒也。

淮南子俶眞篇：「勢利不能誘也，辯者不能說也，聲色不能淫也，美者不能濫也，辯者、智者不能動也，勇者不能恐也。」按：「聲色」句當在「辯者」句前，則聲色貨利以類相從；辯者、美者、智者、勇者，亦以類相從矣。文子九守篇正如此，可據以訂正。

七十一　字以兩句相連而誤疊例

周書度訓篇：「是故民主明醜以長子孫，子孫習服鳥獸。」按：「子孫」字不當疊，疊者誤也。此以「是故民主明醜以長子孫」為句，「習服鳥獸」為句，疊「子孫」字則不可通矣。又，程典篇：「土勸不極美，美不害用，用乃思慎。」按：「美」字「用」字均不當疊，疊者誤也。「土勸不極美不害」，當作「土物不極美不割」，即文傳篇所謂「毋伐不成材」也。「勸」與「物」形似而訛，「害」與「割」聲近而借，今疊「美」字「用」字，則不可通矣。又，大開武篇：「天降寢於程，程降因於商，商今生葛，葛右有周，維王其明用開和之言，言孰敢不格。」按：「程」字不當疊，降寢於程，降因於商，皆天所降也，若作「程降因於商，則不可通矣。「葛」字亦不當疊。孔注曰：「商朝生葛，是祐助周也。」可知孔所據

本不疊「葛」字也。「言」字亦不當疊。孔注曰：「可否相濟曰和，欲其開臣以和，則忠告

之言無不至也。」是孔讀「維王其明用開和之」爲句，「言孰敢不格」爲句，其不疊「言」

字可知也。今疊「葛」字「言」字，義皆不可通矣。一行之中，誤疊之字，纍纍如貫珠，古

書豈易讀哉！

大戴禮四代篇：「於時鷄三號以與庶虞，庶虞動，蟄征作。」按：「庶虞」字不當疊，「於

時鷄三號以與」七字爲句，與，即謂鷄與也。鷄夜伏而晨興，故曰「三號以與」。學者誤讀

「以與庶虞」爲句，遂重出庶虞字耳。楊氏大訓本「庶虞」字不疊，可據以訂正。孟子告子

篇：「施於四體，四體不言而喩。」按：「四體」字不當疊，「四體不言而喩」，義不可通。若

謂四體不言而人自喩，則四體豈能言者？若謂我之四體，不待我言而自喩我意，則凡人皆然，

豈必君子？文選魏都賦劉淵林注，應吉甫華林園集詩李善注引此文，並作「不言而喩」，不

連四體字，可據以訂正。

文九年公羊傳：「非王者則曷爲謂之王者？王者無求。」按：「王者」字不當疊。上文言

「王者無求」，故此發問，言「非王者曷爲謂之王者無求？」今疊「王者」字則無義矣。國

語晉語：「夫利君之富，富以聚黨，利黨以危君。」按：「富」字不當疊，「利」與「賴」古

字通。此言「賴君之富以聚徒黨，又賴徒黨以危君也」。今疊「富」字，義反隔矣。管子乘馬

篇陰陽章：「正地者其實必正，長亦正，短亦正，小亦正，大亦正，長短大小盡正，正不

則官不理。」末句本作「不正則官不理」，涉上句而誤疊「正」字。又，爵位章：「是故爵

位正而民不怨，民不怨則不亂，然後義可理，理不正則不可以治。」末句本作「不正則不可

以治」，涉上句而誤疊「理」字。凡此皆兩句相連而誤疊者也。

七十二　字以兩句相連而誤脫例

周書程典篇：「思地慎制，思制慎人，思人慎德，德開開乃無患。」按：德開開三字文

不成義。本作「慎德德開，開乃無患」，與上文皆四字為句。兩「慎德」字相連，誤脫其一

而義不可通矣。尚書序：「殷既錯天命，微子作誥父師、少師。」按：「微子作誥父師、少

師」，文義未足；本作「誥父師、少師」，兩誥字相連，誤脫其一而義不可通矣。

周易渙：「上九，渙其血，去逖出，無咎。」傳曰：「渙其血，遠害也。」則當於「血」

字絕句；然「去逖出」三字殊不成義。疑本作「血去逖出無咎」，因兩「血」字相連而誤脫

其一也。小畜 六四曰：「血去惕出无咎。」正與此爻文義相近。

老子六十一章：「故大國以下小國，則取小國；小國以下大國，則取大國；或下以取，或下而取。」按：「或下以取，或下而取」兩句，文義無別，殊爲可疑。當作「故或下以取小國，或下而取大國，」即承上文而申言之。因下文云，「大國不過欲兼畜人，小國不過欲入事人。」兩「大國」字適相連而誤脱其一，遂竝删上句「小國」字，使相對成文耳。

列子仲尼篇，「孤犢未嘗有母，非孤犢也；」此本作「孤犢未嘗有母，有母非孤犢也。」莊子天下篇釋文引李云，「言孤則無母，孤稱立則母名去，」是其義也。因兩「有母」字相連，誤脱其一。

商子算地篇：「故民生則計利，死則慮名，利之所出，不可不審也。」此本作「名利之所出，不可不審也。」下文云，「利出於地，則民盡力；名出於戰，則民致死；」即承此而言。因兩「名」字相連，誤脱其一。

春秋繁露執贄篇：「賜亦取百草之心」，「賜有似於聖人者。」「人」下當疊「聖人」字。下所說皆聖人之德，至「賜亦取百草之心」，始說賜之似聖人，則此當作「聖人者」明矣。因兩「聖人」字相連，誤脱其一。

淮南子主術篇：「雍門子以哭見孟嘗君，涕流沾纓。」「孟嘗君」下當疊「孟嘗君」字。涕流沾纓，以孟嘗君言，非以雍門子言也。因兩「孟嘗君」字相連，誤脱其一。又，泰族篇：「小巭破道，小見不達，必簡。」此文「道」下當疊「道」字，「達」下當疊「達」字，「見」字乃「則」字之誤。本云「小藝破道，道小則不達，達必簡。」文子上仁篇作「道小必不通，通則必簡。」是其明證也。因兩「道」字兩「達」字相連，誤脫其一。

七十三　字句錯亂例

古書傳寫或至錯亂，學者宜尋繹其前後文理，悉心考正。周易說卦傳：「爲曳，其於輿也爲多眚。」按：「爲曳」二字，當在「其於輿也」之下，「其於輿也爲曳。」如睽：「六三，見輿曳」是也。睽自三至五正互坎，以經注經，莫切於此矣。序卦傳：「豫必有隨，故受之以隨；以喜隨人者必有事，故受之以蠱。」按：「以喜」二字，當在「必有隨」之上。其文曰：「豫以喜必有隨，故受之以隨；隨人者必有事，故受之以蠱。」正義引鄭注曰，「喜樂而出，人則隨從，」正解「豫以喜必有隨」之義也，可據以訂正。

歸妹：「初九，歸妹以娣，跛能履，征吉。象曰：『歸妹以娣，以恆也。跛能履，吉相承也。』九二，眇能視，利幽人之貞。象曰：『利幽人之貞，未變常也。』」按：「眇能視」三字，當在「跛能履」之上。「眇能視，跛能履」兩句連文，與履六三爻同。九二則但曰「利幽人之貞」，與履「九二，履道坦坦，幽人貞吉」辭意相近。履九二言「幽人」，歸妹九二亦言「幽人」；履六三言「眇能視，跛能履」，則知歸妹初九亦言「眇能視，跛能履」矣。

兩句一意，不得分屬二爻也。象傳止曰「跛能履」，不及「眇能視」，乃文具於前而略于後之

例，說已見前。後人不達此例，以象傳無此三字，乃誤移之下爻耳。余著羣經平議，未見及

此，因附著于此。

尚書盤庚篇：「乃祖乃父，丕乃告我高后曰：『作丕刑于朕孫。』」釋文曰：「『我高

后』本又作『乃祖乃父。』」按：「我高后」既作「乃祖乃父」，則「乃祖乃父」必作「我高

高后」，釋文傳寫奪去耳。尋繹文義，以別本爲長。上言「乃祖乃父，乃斷棄女，不救乃死，」

就臣而言也。此言「我高后丕乃告乃祖乃父曰：『作丕刑于朕孫，』」就君而言也。上文「高

后丕乃崇降罪疾曰：『曷虐朕民。』」又曰：「先后丕降與女罪疾曰：『曷不暨朕幼孫有此。』」

亦是一就君言，一就臣言，可證。

周書克殷篇：「泰顚、閎夭皆執輕呂以奏王，王入卽位于社太卒之左。」孔注曰：「執

王輕呂當門，奏太卒，屯兵以衞也。」按：經文本作「泰顚、閎夭皆執輕呂以奏王太卒，王

入卽位于社之左。」故孔注如此。堯典枚傳曰：「奏，進也。」奏王太卒者，言進王之大卒

以衞王也。後人誤讀「皆執輕呂以奏王」爲句，謂與「周公把大鉞，召公把小鉞以夾王，」

相對成文，因移「太卒」字於「祉」字之下耳。孔晁作注時，尚未誤。又，〈世俘篇〉：「時甲

子夕，商王紂取天智玉琰五環身厚以自焚。

四千庶玉則銷，天智玉五在火中不銷。」按：「凡厥有庶告焚玉四千」、「告焚」二字當在

「四千」之下，「庶玉」二字連文。此云「凡厥有庶玉四千」，故下云「四千庶玉則銷」，

兩文正相應也。「告焚」二字自為句，既告焚之五日，武王乃使人求之。告焚者，以商王紂

自焚告，非以焚玉告也。注曰：「眾人告武王焚玉四千，」則孔氏作注時已誤矣。

　詩〈皇矣篇〉：「維此王季，帝度其心；貊其德音，其德克明；克明克類，克長克君。王此

大邦，克順克比；比于文王，其德靡悔；既受帝祉，施于孫子。」按：父比于子，義殊未安。「維此

文王，無有所悔也。必比于文王者，德以聖人為四。」箋云：「王季之德，比于

「王季」句，昭二十八年左傳及禮記樂記所引，並作「維此文王」，正義謂韓詩亦作文王。「維

此「王季」，既作「維此文王」，則「比于文王」，必作「比于王季」，毛詩蓋傳寫誤耳。

　大戴記〈王言篇〉：「明王之所征，必道之所廢者也。彼廢道而不行，然後誅其君，致其征，

弔其民，而不奪其財也。」按：「致其征」三字，當在「誅其君」之上。其文曰：「彼廢道

而不行，然後致其征。」此乃申說上文。又曰：「誅其君，弔其民，而不奪其財也。」則起

下文時雨之意，文義甚明。傳寫誤倒。王肅作家語，遂易「致其征」爲「改其政」矣。又，夏小正篇：「初俊羔助厥母粥。」按：經文言「初」者，如「初歲祭未」，「初服于公田」，皆以人事言。至禽獸之事，無一言初者。且不曰「俊羔初助厥母粥」，而曰「初俊羔助厥母粥」，義亦未安。此文「初」字當在上經「禪」字之上。其文曰：「往穮黍初禪。」言往穮黍者，初著單衣也。傳寫誤倒耳。又，武王踐阼篇：「觴豆之銘曰：『飲自杖，食自杖，戒之憍，憍則逃。』」按：「戒之憍，憍則逃，」乃上「履屨之銘」。其文云：「愼之勞，勞則富；戒之憍，憍則逃。」兩文相對，而義亦反復相成，傳寫誤移于此耳。

大戴記小辨篇：「禮樂而力忠信其君其習可乎？」按：此當作「君其習禮樂而力忠信，其可乎？」「君其習」三字誤移在「可乎」之上，則不可通。禮記禮運篇：「故聖王所以山者不使居川，不使渚者居中原而弗敝也。」按：此當作「故山者不使居川，不使渚者居中原，聖王所以順而弗敝也。」「敝」讀作「斃」。詩采薇篇釋文引埤蒼曰：「斃，弓末反戾也。」順而弗斃者，順而弗戾也。「聖王所以順」五字，誤移在「山者」之上，則不可通。

昭元年左傳：「十二月，晉既烝，趙孟適南陽，將會孟子餘，甲辰朔，烝于溫。」按：此本作「十二月甲辰朔，晉既烝，趙孟適南陽，將會孟餘子烝于溫。」蓋言「甲辰朔晉烝之

後，趙孟將適南陽，會合餘子之在孟邑者，與之烝祭于溫也。」溫、孟皆趙氏之邑，餘子卽

宣二年傳所謂「又宦其餘子，亦爲餘子」者也。因「甲辰朔」三字，傳寫誤移在「烝于溫」

之上，而「餘子」又倒作「子餘」，雖服子愼不得其解矣。又，二十年傳寫：「翟僂新居于新

里，既戰，說甲于公而歸。」〔一〕按：翟僂新既居新里，安得脫甲于公？疑左氏原文本作

「翟僂新居于新里，既戰，說甲而歸于公。」亦傳寫誤倒其文也。

管子霸形篇：「於是令之縣鍾磬之檼。」按：下文兩言「鍾磬之縣」，疑此「縣檼」二

字傳寫誤倒，本作「檼鍾磬之縣」。「檼」通作「縆」，廣雅曰：「縆，絡也。」

墨子非儒下篇：「夫仁人事上竭忠，事親得孝，務善則美，有過則諫。」按：「得」字

「務」字傳寫誤倒，本作「事親務孝，得善則美。」「務孝」與「竭忠」，「得善」與「有

過」，皆相對成文。

莊子大宗師篇：「俄而子輿有病，子祀往問之曰：『偉哉！夫造物者將以予爲此拘拘

也。」按：子輿有病，當作「子來有病。」淮南子精神篇作「子求」，抱朴子博喻篇作「子

〔一〕按此文見昭公二十一年左傳，今作昭二十年，誤。——校點者

永」。「求」與「永」，竝「來」字之誤也，下文「俄而子來有病」，當作「子輿有病」，傳寫誤倒之。

呂氏春秋審己篇：「今夫攻者砥厲五兵，侈衣美食，發且有日矣。所被伐者不樂，非或聞之也，神者先告也。」按：「侈衣美食」四字，當在「所被伐者」下。又，審應篇：「待其功而後知其舜也，是市人之知聖也。」按上「舜」字當作「聖」，下「聖」字當作「舜」。

春秋繁露盟會要篇：「傳曰：諸侯相聚而盟，君子修國曰：『此將率爲也哉。』」按：「修國」二字當在「此將率爲」之下。又，循天之道篇：「是故當百物大生之時，羣物皆生而此物獨死。可食者，告其味之便於人也；其不可食者，告殺穢除害之不待秋也。當物之大枯之時，羣物皆死，如此物獨生。」〔一〕按：「可食者告其味之便於人也」十一字，當在「如此物獨生」之下。

賈子時變篇：「今俗侈靡，以出相驕，出倫踰等，以富過其事相競。」按：「出倫踰等」四字，「出」衍文，「倫踰等」三字，當在上「出」字之下。本作「以出倫踰等相驕，以富過

〔一〕按上述引文，抱經堂本今已移刊在同書天地之行篇首節。——校點者

「其事相競」。又，瑰瑋篇：「作之費日挾巧，用之易弊，不耕而多食農人之食。」按：「挾巧」
二字，當在「不耕」之上，本作「挾巧不耕而多食農人之食」。

淮南子主術篇：「夫寸生於䄣，䄣生於日，日生於形，形生於景。」按：王氏引之以「䄣」
為「䄣」字之誤，是也。惟「䄣生於日」，義不可通。疑本作「寸生於䄣，䄣生於形，形生
於景，景生於日」，與下文「樂生於音，音生於律，律生於風」，文義一律。此皆字句之錯
亂者，不可不正也。

七十四　簡策錯亂例

凡字句錯亂者，尋其文義，移易其一二字，即怡然理順矣。若乃簡策錯亂，文義隔絕，
有誤至數十字者，則非合其前後，悉心參校，不易見也。鄭君注禮，屢云爛脫；今舉數事，
以見例焉。

周易繫辭下傳：「神農氏沒，黃帝、堯、舜氏作，通其變使民不倦，神而化之，使民宜
之。易窮則變，變則通，通則久，是以自天祐之，吉无不利。黃帝、堯、舜，垂衣裳而天下
治，蓋取之乾坤。」按：「易窮則變」二十字，以上下文法言之，殊為不倫。疑「易窮則變，

變則通，通則久，」乃上篇「動則觀其變而玩其占」以下之脫簡。「是以自天祐之，吉无不利」，乃文之重出者也。幸此文重出，而爛脫之迹，猶未盡泯，可以校正；當移至上篇曰：「是故君子居則觀其象而玩其辭，動則觀其變而玩其占，易窮則變，變則通，通則久，是以自天祐之，吉无不利。」

　禮記儒行篇：「儒有不隕穫於貧賤，不充詘於富貴，不慁君王，不累長上，不閔有司，故曰儒。」按：上文所陳十五儒，皆以「儒有」起，「有如此者」結。此文亦以「儒有」起，而以「故曰儒」結之，既不一律，且義亦未足。豈所謂儒者，止以其不慁君王，不累長上，不閔有司乎？疑「儒有不隕穫」至「不閔有司」二十六字，當在上文「其尊讓有如此者」之前，與前所列十五儒一律。孔子說儒者之行，蓋十有六也。上文「溫良者仁之本也」至「猶且不敢言仁也」，當在此文「故曰儒」之上，乃孔子總論儒行也。自簡策錯亂，而十六儒止存十五儒。鄭君說溫良者一節爲聖人之儒行，說儒有不隕穫於貧賤一節爲孔子自謂，其失甚矣。

　宣十八年左傳：「楚莊王卒，楚師不出，既而用晉師，楚於是乎有蜀之役。」按此二十一字，本在上文「夏，公使如楚乞師，欲以伐齊」之下，編次者因經書「甲戌楚子旅卒」，在「邾人戕鄫子于鄫」之後，遂割傳文而綴諸此，使經事相次耳，非左氏之舊。

國語周語：「是日也，瞽帥音官以省風土，廩於藉東南，鍾而藏之，而時布之於農。」按：

是日者耕藉之日也，甫耕未及斂也，何遽及此。且王所藉田以奉盛，何以布之於農乎？疑

「廩於藉東南鍾而藏之而時布之」十三字，當在下文「耨穫亦如之」之下，「民用莫不震動

恪恭於農」之上；「於農」二字，即涉下文而衍。幸衍此二字，爛脫之迹，尙未盡泯，可以

校正。今移至下文曰：「耨穫亦如之，廩於藉東南，鍾而藏之，而時布之，民用莫不震動，

恪恭於農。」如此則文義自順矣。

孟子盡心篇下：「貉稽曰：『稽大不理於口。』孟子曰：『無傷也，士憎茲多口。』」

按：此章之文止於此。下文「憂心悄悄」一節，當在「貉稽曰」之前，與上章合爲一

章。其文曰：「孟子曰：『君子之戹於陳、蔡之閒也，無上下之交也。詩云：『憂心悄悄，慍

於羣小，』孔子也。『肆不殄厥慍，亦不殞厥問，』文王也。』」蓋因孔子而及文王，正以文

王比孔子也。若果孟子爲貉稽引詩，則當有次弟，安得先孔子而後文王乎？又，鄉原章「曰：

『何以是嘐嘐也？』言不顧行，行不顧言，則曰：『古之人，古之人，行何爲踽踽涼涼？』」

按：此三十字，當在「其志嘐嘐然」之下，「夷考其行」之上。「曰：『何以是嘐嘐也？』」

萬章問也；「言不顧行」以下，孟子答也。狂者言行不相顧，每以古人之行爲隘小而非笑之，

則曰：「古之人古之人，行何爲踽踽涼涼？」此狂者譏古人之詞；及考其所爲，實未能大過

古人，故曰：「夷考其行而不掩焉者也。」此三十字誤移在後，而前文止存「曰古之人古之

人」七字，乃爛脱之未盡者，可藉以考見其舊也。

管子幼官篇：「二千里之外，三千里之內，諸侯五年而會至習命，三年名卿請事，二年

大夫通吉凶，十年重適入正禮義，五年大夫請受變。」按：三年二年之後，又云十年五年，

於義難曉，此二句當在下文「三千里之外諸侯世一至」之下，蓋世一至則太疏闊，故五年必

使大夫請受變，十年必使重適入正禮義也。又，揆度篇：「二五者童山竭澤，人君以數制之

人。味者所以守民口也，聲者所以守民耳也，色者所以守民目也；人君失二五者亡其國，大

夫失二五者亡其勢，民失二五者亡其家。」按：「童山竭澤」四字，當在上文「至於黃帝之

王」句下。輕重戊篇，「黃帝之王，童山竭澤，」是其明證。「人君以數制之人」句下「人」

字衍文。此本云：「二五者，人君以數制之。人君失二五者亡其國，大夫失二五者亡其勢，

民失二五者亡其家。」至「味者所以守民口也」三句，當在「二五者人君以數制之」之上。

試連上文讀之曰：「其在色者，青、黃、白、黑、赤也；其在聲者，宮、商、羽、徵、角也；

其在味者，酸、辛、鹹、苦、甘也。味者所以守民口也，聲者所以守民耳也，色者所以守民目也。」如此，則文義俱順矣。「二五者人君以數制之」，本與「人君失二五者」相連。雖

屛入此三句而尚留一「人」字，亦其迹之未泯者也。

楊子法言學行篇：「吾不觀參辰之相比也，是以君子貴遷善。遷善者聖人之徒也。百川學海而至於海，丘陵學山而不至於山，是故惡夫畫也。頻頻之黨，甚於鸒斯，亦賊夫糧食而已矣。」按：「遷善」與「參辰」不相比，意不相承；「頻頻之黨」與「惡畫」之義，亦不相承，此兩節疑傳寫互易。當曰：「吾不觀參辰之相比也，頻頻之黨，甚於鸒斯，亦賊夫糧食而已矣。百川學海而至於海，丘陵學山而不至於山，是故惡夫畫也。是以君子貴遷善，遷善者聖人之徒也。」兩節傳寫互易，而其義皆不可通。此皆簡策之錯亂者，不可不正也。

卷七

七十五　不識古字而誤改例

學者少見多怪，遇有古字而不能識，以形似之字改之，往往失其本眞矣。今略舉數事示例。

「其」，古文作「亓」。周易雜卦傳：「噬嗑，食也。賁，其色也。」蓋以食、色相對成文，加「其」字以足句也。「其」，從古文「亓」，學者不識，遂改作「无」字，雖曲爲之說而不可通矣。周書文政篇：「基有危傾。」「基」字叚「其」爲之，蓋古字通用。詩昊天有成命篇，「夙夜基命宥密，」禮記孔子閒居篇作「夙夜其命宥密：」是其證也。因「其」字從古文作「亓」，學者不識，改作「示」，「示有危傾」，義不可通矣。國語吳語，「伯父多歷年以沒其身，」語意甚明；因「其」字從古文作「亓」，學者不識，改作「元」字，「以沒元身」，義不可通矣。

「旅」，古文作「袠」。尚書康誥篇：「紹聞旅德言。」旅者，陳也。言布陳其德言也。

因「旅」字從古文作「袠」，學者不識，改作「衣」字矣。周書武稱篇：「冬寒其衣服。」「衣」亦「旅」字之誤。史記天官書曰：「主葆旅事。」是「旅」與「葆」同義。此篇曰，「冬寒其旅，」大武篇，「冬凍其葆：」文義同也。因「旅」字從古文作「袠」，學者不識，改作「衣」字而又加「服」字矣。官人篇：「愚依人也。」「衣」亦「旅」字之誤。「旅」讀爲「魯」，說文曰，「衣」古文「旅」，古文以爲魯、衞之「魯」是也。「愚魯」連文，義正相近，因叚「旅」爲「魯」，而又從古文作「袠」。學者不識，改作「衣」字，以「愚衣」無義，又從人作「依」矣。

「服」，古文作「及」。尚書呂刑篇：「何敬非刑，何度非服。」刑、服對言，古語如此。堯典曰：「五刑有服，五服三就。」此篇曰：「上刑適輕下服，下刑適重上服。」並其證也。史記作「何居非其宜」。爾雅曰：「服、宜，事也。」是服、宜同義，故經文作「服」，史記作「宜」也。「服」字從古文作「及」，學者不識，改作「及」字，則史記作「宜」之故不可曉矣。大戴記王言篇，「服其明德也，」其義明白無疑。因「服」字從古文作「及」，學者不識，改作「及」字，孔氏廣森作補注曰：「明德之所及也。」夫明德所及，不得言及其明德，可知其非矣。淮南子主術篇，「蓋力優而德不能服也，」其義亦明白無疑。因「德」

字從古文作「㥯」，「服」字從古文作「𝄐」，學者不識，改「㥯」為「克」，改「𝄐」為

「及」。高注曰：「克，猶能也。」則「克不能及」為「能不能及」，文義不可通矣。按僖

二十四年左傳：「子臧之服，不稱也夫！」釋文「服」作「及」。蓋亦由古本是「𝄐」字，

故誤為「及」也。

「近」，古文作「岸」。禮記大學篇，「見賢而不能舉，舉而不能近」，與「見不善而

不能退，退而不能遠」，相對成文。因「近」字從古文作「岸」，學者不識，疑篆文「先」

字之誤，遂改為「先」字，與下句不一律矣。

「自」，古文作「白」。大戴記文王官人篇，「自分其名以私其身」，與周書官人篇「自

以名私其身」，雖字句小異，意義則同。因「自」字從古文作「白」，學者以為黑白之「白」，

遂移至「分」字之下，作「分白其名」，非戴記之舊矣。

「終」，古文作「𡿱」。大戴記本命篇，「女終日乎閨門之內，」義本甚明。因「終」

字從古文作「𡿱」，隸變作「夂」，學者不識，改作「及」字，孔氏補注曰，「及日猶終日，」

則義不可通矣。

「君」，古文作「𠺜」。國語晉語：「楚成王以君禮享之，」謂以國君之禮享之。下文

「秦穆公饗公子如饗國君之禮」，正與此同。因「君」字從古文作「𠲢」，學者不識，改爲

「周」字。管子白心篇：「知苟適可爲天下君。」猶下文言「可以爲天下王」也。因「君」

字作「𠲢」，學者不識，亦改爲「周」字。

「謹」，古文作「叩」。周書時訓篇：「鶡曰不鳴，國有訛言；虎不始交，將帥不謹；荔

挺不生，卿士專權。」「謹」與「歡」古字通用。因「謹」字從古文作「叩」，學者不識，

改爲「和」字，則與上下文「言」字、「權」字不協韻矣。

「師」，古文作「𡴭」。墨子備蛾傅篇，「敵引師而去，」其文甚明。因「師」字從古

文作「𡴭」，學者不識，改爲「哭」字。「引哭而去」，義不可通矣。

「𡘏」，古儡字也。說文人部：「儡，相敗也。從人，𡘏省聲。」「𡘏」字亦從人、從

𡘏省，而止省去中閒一回。猶「鸁」字從鳥，𡘏省聲，而籀文作「𡘏」，止省去中間一回。

管子侈靡篇：「若是者必從是𡘏亡乎？」𡘏亡，猶言敗亡也。學者不識「𡘏」字，傳寫誤作

「𡘏」，尹注以爲卽「𠧧」字，洪氏筠軒又疑是「器」字之譌，胥失之矣。

「垂」，古文作「𤓹」，見說文我部。管子地員篇，「山之𤓹」，卽山之垂也。說文𡈼

部：「垂，遠邊也。」謂山之邊側也。學者不識「𤓹」字，誤作「才」字，又加木旁作「材」，

失之矣。

「起」，古文作「𨗇」。漢書孝哀帝紀：「建平元年詔曰：『其與大司馬、列侯、將軍、中二千石、州牧、守相，舉孝弟惇厚、能直言、通政事、𨗇於側陋、可親民者，各一人。』」「起於側陋」，謂從微賤起家，故能周知民間疾苦，可使親民也。學者不識「𨗇」字，誤作「延」字。師古訓爲可延致而仕者，文義迂回；王氏念孫遂議移此四字於州牧守相之下矣。

七十六　不達古語而誤解例

古人之語，傳之至今，往往不能通曉，於是失其解者，十而八九。今略舉數事示例。

艸蔡，古語也。說文丰部：「丰，艸蔡也。象艸生之散亂也。」亦或作「草竊」，竊與蔡一聲之轉。「艸蔡」之爲「草竊」，亦猶莊子「竊竊」之或爲「察察」也。尚書微子篇：「好草竊姦宄。」「草竊」即「艸蔡」，其本義爲艸亂。引申之，則凡散亂者皆得言之，故與奸宄連文。「好草竊」，即「好亂」也。枚傳訓爲草野竊盜，不達古語矣。

旅距，古語也。後漢書馬援傳：「黠羌欲旅距。」李賢注曰：「旅距，不從之貌。」亦或作「據旅」，「據」與「距」聲近。說文酉部，「醵，或作酻，」是其證也。「旅距」「據旅」，

語有倒順耳。凡雙聲疊韻之字，往往如此。大戴記曾子制言篇：「行無據旅。」言其行之無

所違也。盧注訓爲「守直道無所私」，未達古語。

土芥，古語也。哀元年左傳，「以民爲土芥」是也。芥，即孛字。說文丰部：「孛，艸

蔡也，讀若介。」因「孛」讀若「介」，故即以「介」爲之，而又叚用從艸之「芥」也。亦

或作「土蔡」。蔡者，蔡之叚字，猶芥者介之叚字也。大戴記用兵篇，「作宮室高臺汙池，

以民爲土蔡，」猶左傳所云「以民爲土芥」也。學者不識土蔡之語，乃移至「汙池」之下，

使「汙池土蔡」四字連文，而「以民爲」下增「虐」字以成句，「以民爲虐」，文不成義，

可知其非矣。

弱植，古語也。「植」，讀爲脂膏膩敗之「膩」，字本作「殖」。說文歺部：「殖，脂

膏久殖也。」亦通作「埴」。釋名釋土地：「土黃而細密曰埴。埴，膩也。黏泥如脂之膩也。」

然則人之弱者謂之膩，猶土之黏者謂之埴矣。襄三十年左傳：「其君弱植。」「植」即「膩

之叚字。正義訓「植」爲「樹立」，則弱植二義不屬矣。

究度，古語也。詩皇矣篇，「爰究爰度」是也。亦或作鳩度。襄二十五年左傳：「度山

林，鳩藪澤」是也。說本王氏經義述聞。亦或作軌度，二十一年傳：「軌度其信」是也。究、

鳩、軌，並從「九」聲，故得通假。劉炫曰：「軌，法也；行依法度而言有信也。」未達古語。

婁空，古語也。說文女部：「婁，空也。從母、中、女，婁空之意也。」明，故以人言則曰離婁，以屋言則曰麗廔。「離」與「麗」，皆婁字之雙聲也。論語先進篇：「回也其庶乎，婁空。」此言顏子之心，通達無滯，若窗牖之麗廔闓明也。史記伯夷傳，「回也屢空，糟糠不厭，」則西漢經師已失其解；而「婁空」之語獨見于說文，乃歎許君之書，有裨經學不淺也。

遷延，古語也。襄十四年左傳，「晉人謂之遷延之役」是也。亦或作「遷衍」，「衍」與「延」，古通用。周官大祝注，「衍字當為延；」又男巫注，「衍讀為延；」竝其證也。管子白心篇，「無遷無衍，」猶曰無遷延耳。尹注曰，「無遷移，無寬衍，」未達古語。

樹惲，古語也。後漢書馮衍傳：「意樹惲而不儋兮。」李賢注曰：「樹惲，猶遲疑也。」亦或作譀斟。「譀」與「惲」同，「樹惲」、「譀斟」，語有倒順耳。管子任法篇：「然故譀斟習士，聞識博學之人，不可亂也。」習士即俗士。說文人部：「俗，習也。」習、俗雙聲，故義得相通。「譀斟習士」，謂流俗之士，意識遲疑者也；此指愚不肖者而言。下云「聞識博學之人」，則指賢知者而言。今「斣」字誤作「杵」，蓋由古書「斣」字或作「玘」，見漢書地理志應劭注。「玘」、杵形近而誤。尹注曰：「杵所以毀碎於物者也。謂姦詐之人，僞託於譁以毀君法。」此不達古語而強爲之說，迂曲甚矣。

比要，古語也。周官小司徒職：「大比則受邦國之比要。」鄭司農云：「要，謂其簿。」然則比要者，大比之簿籍也。管子七臣七主篇：「比要審則法令固。」可知管子治齊，猶本周制。後人不識比要之語，改「比」爲「皆」，尹注訓爲「事皆得要」，失之。

婁數，古語也。釋名釋姿容曰：「婁數，猶局縮，皆小意也。」管子輕重甲篇：「北郭者盡屨縷之阤也。」字亦作「履縷」。「履縷」與「婁數」，並從婁聲；古雙聲疊韻字無一定也。「履縷」即「婁數」，猶小民耳。自來不達古語，莫得其解。

穧檄，古語也。說文禾部：「檄，穧檄也。」徐鍇曰：「穧檄，不伸之意。」亦或作「支苟」；古文以聲爲主，無定字耳。墨子親士篇：「分議者延延，而支苟者詻詻。」「支苟」即「穧檄」，蓋謂在下位者，雖見淩壓而不得伸，必詻詻然自伸其意也。自來莫得其解，畢氏沅遂疑其字誤矣。

謑詬，古語也。說文言部：「詬，謑詬，恥也。」荀子非十二子篇作「謑訽」，「訽」即「詬」

之或體。漢書賈誼傳作「謑訴」，「謑」卽「謨」之或體，作「謨」者之省也。又或作「奚后」。「奚」卽「謨」之省，「后」卽「訴」之省，古文省偏旁耳。墨子節葬下篇：「內積奚后，並爲淫暴，而不可勝禁也。」「奚后」卽「謑訴」，言其內積恥辱也。今本「積」誤爲「續」，「后」誤爲「吾」，於是古語愈不可解矣。

解果，古語也。荀子儒效篇：「解果其冠。」楊注引說苑「蟹螺者宜禾」爲證。富國篇云：「和調累解。」又韓非子揚摧篇：「若天若地，是謂累解。」「累解」，語有倒順耳。說苑以「蟹螺汙邪」對文，彼從虫而此否者，書有緐簡；「蟹螺」「累解」，亦卽「蟹螺」也。則「蟹螺」猶平正也。注者不知古語，均失其解。

逡巡，古語也。亦或作「逡遁」。漢鄭固碑，「逡遁退讓」是也。亦或作「蹲循」。莊子至樂篇：「忠諫不聽，蹲循勿爭。」按：外物篇釋文引字林曰：「踆，古蹲字。」然則漢碑作「逡遁」，莊子作「蹲循」，字異而義同。謂人主不聽忠諫，則人臣當逡巡而退，勿與爭也。郭注曰：「惟中庸之德爲然。」此不達古語而曲爲之詞。

敬文，古語也。荀子勸學篇曰：「禮之敬文也。」禮論篇曰：「事生不忠厚，不敬文，謂之野；送死不忠厚，不敬文，謂之瘠。」是荀子書屢有此言。性惡篇：「不如齊、魯之孝具敬父者，何也？」則誤「文」爲「父」。大略篇：「不時宜，不敬交，不驩欣，」則誤「文」爲「交」。皆由淺人不達古語而臆改。

鮮鱸，古語也。說文魚部：「鱸，合五采鮮色。」是鮮色謂之「鱸」，故合而言之曰「鮮鱸」。墨子·節用上篇「芉鱸」字四見，皆當作「鮮且」，蓋鮮字左旁之魚，誤移在且旁耳。「鮮且」即「鮮鱸」，鱸從虘聲，虘從且聲，故「且」字可通作鱸也。古書多古語，又多叚借字，殆難爲拘文牽義者道矣。

七十七　兩字一義而誤解例

詩·天保篇：「俾爾單厚。」傳曰：「單，信也。或曰，單，厚也。」箋云：「單，盡也。」

按：傳、箋三說，當以訓「厚」爲正。「俾爾單厚」，單、厚一義，猶下文「俾爾多益」，多、益，亦一義也。古書中兩字一義者，往往有之。

尚書·無逸篇：「用咸和萬民。」按：咸、和，一義也。「咸」讀爲「諴」。說文言部：「諴，和也。」咸和卽諴和；枚傳以爲「皆和萬民」，則不辭矣。君奭篇：「夾介我周王。」按：夾、介，一義也。一切經音義引倉頡曰：「夾，輔也。」爾雅釋詁曰：「介，助也。」夾介，猶言輔助。枚傳以爲「近大見治於我周王」，則不辭矣。

周書商誓篇：「昏憂天下。」按：「憂」當爲「擾」，隸變作「擾」，闕其左旁，則爲

「憂」矣。昭十四年左傳注曰：「昏，亂也。」襄四年傳注曰：「擾，亂也。」昏、擾二字同

義。

詩板篇：「爾用憂謔。」按：憂、謔同義。「憂」讀爲「優」。襄六年左傳注曰：「優，

調戲也。」是優卽謔也。蕩篇：「而秉義類。」按：義、類同義，「義」與「俄」通，昭十六年

說本王氏念孫。「類」與「戾」通，說文犬部：「戾，曲也。」義類猶言衺曲也。

左傳：「刑之頗類。」「頗類」亦與「義類」同，頗、義，古同部字也。鄭箋訓憂謔爲「可

憂之事，反如戲謔」。訓義類爲「宜用善人」。不知二字同義，而曲爲之說，宜其迂遠矣。

周官庾人：「正校人員選。」按：員、選同義，皆數也。說文員部：「員，物數也。」

選通作「算」，說文竹部：「算，數也。」正校人員選者，正校人之數也。鄭注云：「選擇

可備員者，」失之。

大戴記文王官人篇：「其老觀，其意憲愻。」按：意、憲同義。原憲，字子思，是憲有思

義，意憲，猶意思也。禮記樂記篇：「發慮憲，求善良。」「良」與「善」同義，「憲」與

「慮」亦同義。自來但知憲之訓法，而不知憲之訓思，則意憲也，慮憲也，皆兩字不倫矣。

又曰：「微忽之言。」按：微、忽同義，廣雅釋詁：「緫，微也。」盧注曰：「曹憲音忽，是緫即忽也。

漢書律曆志曰：「無有忽微。」此云「微忽」，猶彼云「忽微」。

之語，」則微忽二字不倫矣。

文十八年左傳：「其人則盜賊也，其器則姦兆也。」按：盜、賊二字同義，姦、兆二字

亦同義。周語曰：「姦仁爲佻。」此姦佻之義也。杜注訓兆爲佻，失之。襄三十

一年傳：「寇盜充斥。」按：充、斥二字同義。充，大也，見淮南說山篇、呂氏春秋必己篇

高誘注。斥，亦大也，見文選魏都賦李善注。凡有大義者皆有多義，如「殷」訓「大」，亦

訓「盛」；「豐」訓「大」，亦訓「滿」：皆是也。充、斥，並爲大，故竝爲多；充斥，

言多也。杜注曰：「充滿斥見，」失之。昭十二年傳：「唯是桃弧棘矢以共禦王事。」按：

共、禦二字同義。「禦」與「御」通。廣雅釋詁，「供奉獻御，進也。」「共御」猶曰「共

奉獻御」。質言之，則止是以共王事耳。御亦共也，杜注曰：「以禦不祥，」失之。

國語周語：「叔父若能光裕大德，更姓改物，以創制天下，自顯庸也。」按：創、制二

字同義。論語憲問篇釋文曰：「創，制也。」顯、庸二字亦同義，庸讀爲融。下文「穀洛鬬

章，顯融昭明。」彼作「顯融」，此作「顯庸」，一也。鄭語：「命之曰祝融。」韋注：「融，

明也。」然則「顯融」二字，止是一義；「顯融昭明」四字，亦止是一義。又曰：「制戎以

果毅，制朝以序成。」按果、毅二字一義，序、成二字亦一義。成，亦次也。言

制朝廷之位則以次序也。」儀禮觀禮篇鄭注曰：「成，猶重也。」凡相重者即有相次之義，故成

為重，亦為次；猶序為次，亦為重。史記趙世家正義曰：「序，重也。」足證其義之通矣。

又曰：「棄袞冕而南冠以出，不亦簡褻乎？」按：簡、褻二字同義。爾雅釋詁：「夷，易也。」

「褻」與「夷」古字通。簡褻，即簡易也。又曰：「若能類善物以混厚民人者。」按：混、

厚二字同義，混亦厚也。說文心部：「惲，重厚也。」今惲厚字皆以「渾」為之，而「混」與

「渾」又通用，故混厚即渾厚矣。又曰：「四閒林鍾，和展百事，俾莫不任肅純恪也。」按：

和、展二字同義。展，布也；和，猶和布也。周官太宰之職：「正月之吉，始和布治于邦

國都鄙。」「和」讀為「宣」，和布者，宣布也，說本王氏引之。然則和展亦猶宣布也。以

上諸條，並二字同義，而韋注皆失其解。

　孟子公孫丑篇：「弟子齊宿而後敢言。」按：齊、宿二字同義。儀禮特牲饋食禮、禮記

祭統篇注，並曰：「宿讀為肅。」然則齊宿即齊肅也。賈子保傅篇，「有司齊肅端冕；」國

語楚語，「故齊肅以承之：」並「齊肅」連文之證。離婁篇：「又從而禮貌之。」按：禮、

貌二字同義。周易繫辭傳：「知崇禮卑。」蜀才本「禮」作「體」。詩谷風篇：「無以下體。」

韓詩外傳「體」作「禮」。然則禮貌卽體貌也。戰國齊策：「令人體貌而親郊迎之。」漢書賈

誼傳：「所以體貌大臣而厲其節也。」並體貌連文之證。

七十八　兩字對文而誤解例

凡大小長短是非美惡之類，兩字對文，人所易曉也；然亦有其義稍晦，致失其解者。如

尚書洪範篇：「木曰曲直，金曰從革。」「曲直」對文，「從革」亦對文。漢書外戚傳注曰：

「從，因也。」蓋從之義爲由，故亦爲因。從革，卽革也。金之性可因可革，謂之

從革；猶木之性可曲可直，謂之「曲直」也。人知革，莫知從革，斯失其解矣。酒誥篇：「作

稽中德。」按：「作稽」二字對文。稽字從禾，說文曰：「禾，木之曲頭，止不能上也。」

故「稽」亦有「止」義。說文稽部：「稽，留止也。」作稽者，作止也。言所作所止，無不

中德也。人知「作止」，莫知「作稽」，斯失其解矣。

周書文政篇：「充虛爲害。」按：充、虛二字對文。荀子儒效篇：「若夫充虛之相施易

也。」楊倞注曰：「充，實也。」是充虛卽實虛也。大聚篇：「殷政總總若風草，有所積，有所虛。」此卽充虛爲害之義。人知「虛實」，莫知「充虛」，斯失其解矣。

詩野有蔓草篇：「邂逅相遇。」綢繆篇，「見此邂逅。」按：「邂逅」二字對文。莊子胠篋篇：「解垢同異之變多。」解垢，卽邂逅也。與「同異」並言，是「邂逅」二字各自爲義。解之言解散也，逅之言構合也。野有蔓草篇傳曰：「不期而會，」是專說逅字之義，謂因逅而連言邂也。綢繆篇傳曰：「解說之貌，」是專說邂字之義，謂因邂而連言逅也。毛公，六國時人，猶達古義。

國語楚語：「吾聞君子唯獨居思念前世之崇替。」按：「崇替」二字對文。韋注曰：「崇，終也；替，廢也。」是未達崇字之義。文選東京賦薛綜注曰：「崇，猶興也。」然則「崇替」猶言「興廢」。

管子五輔篇：「修道途，便關市，愼將宿。」按：「將宿」二字對文。廣雅釋詁：「將，行也」，「宿，止也。」然則「將宿」猶言「行止」。又，水地篇：「違非得失之實也。」按：「違非」二字對文。「違」讀爲「韙」。隱十一年左傳：「犯五不韙。」杜注曰：「韙，是也。」然則「違非」猶言「是非」。

七十九　文隨義變而加偏旁例

周易訟九三象傳：「患至掇也。」集解引荀爽曰：「如拾掇小物而不失也。」釋文曰，「鄭本作惙，憂也。」按：此字鄭、荀各異，疑本字止作「叕」。說文叕部：「叕，綴聯也。」「患至叕也」，言患害之來，綴聯不絕也。荀訓「掇拾」，因變其字為「掇」；鄭訓「憂」，因變其字為「惙」。皆文之隨義而變者也。

尚書堯典篇：「黎民阻飢。」詩思文篇正義引鄭注曰：「阻，阨也。」釋文曰：「馬融注尚書作祖，始也。」按：此字馬、鄭各異，疑本字止作「且」。說文且部：「且，薦也。」「黎民且飢」，言黎民薦飢也。馬訓「始」，因變其文作「祖」；鄭訓「阨」，因變其文作「阻」。亦文之隨義而變者也。

詩載芟篇：「有飶其香。」傳曰：「飶，芬香也。」釋文曰：「字又作苾。」按：苾，本字；飶，俗字也。後人因其言酒醴，變而從食。說文遂於食部出飶篆曰：「食之香也。」然則下文「有椒其馨」，椒字何又不從食乎？經典之字，若斯者衆，山名從山，水名從水，鳥獸草木，無不如是；而字亦孳乳浸多矣。

周官內饔：「鳥㿤色而沙鳴貍。」按：說文無「㿷」字。釋文出「㿷」字曰：「本又作

㿷。」是陸氏所據本作「㿷」也。說文牛部，「㿷，牛黃白色；」又馬部，「驃，黃馬發白色；」

二字義同。以牛言故從牛，以馬言故從馬耳。此經言鳥，而古無從鳥從票之字，故借用「驃」

字。傳寫者以其言鳥不得從牛，又改而從「白」；玉篇白部遂收「㿷」字矣。

八十　字因上下相涉而加偏旁例

字有本無偏旁，因與上下字相涉而誤加者。如詩關雎篇：「展轉反側，」展字涉下「轉」

字而加車旁；采薇篇：「玁允之故，」允字涉上「玁」字而加犬旁，皆是也。

周官大宗伯職：「以禬禮哀圍敗。」鄭注曰：「同盟者會合財貨以更其所喪。」按：周禮

原文本作「會禮」，故鄭君直以「會合財貨」說之。若經文是「禬」字，則爲禬禳之「禬」，

非會合之「會」，鄭君必云「禬讀爲會」矣。鄭無讀爲之文，知其字本作「會」，涉下「禮」

字而誤加「示」旁也。

大戴記夏小正篇：「緹縞」。按：「緹」字，古夏小正當作「是」，「是」與「寔」通，

「寔」與「實」通，故傳曰：「是也者，其實也。」今作「緹」，涉下「縞」字而誤加「糸」

八十一　兩字平列而誤倒例

平列之字，本無順倒，雖有錯誤，文義無傷；然亦有不可不正者。禮記月令篇：「制有小大，度有長短。」按：「長短」當依呂氏春秋仲秋紀作「短長」，則與韻不協矣。又云：「量小大，視長短。」按：「小大」當依衞湜集說本作「大小」。上文云：「制有小大，度有短長。」則小字當在大字之前，以下句短字在長字之前，「小大」、「短長」各相當也。此云：「量大小，視長短，」則大字當在小字之前，以下句長字在短字之前，「大小」、「長短」，亦各相當也。正義曰：「大，謂牛、羊、豕成牲者；小，謂羔、豚之屬也。」先釋大字，後釋小字，是其所據本不誤。此類宜悉心訂正，庶不負古人文理之密察也。

八十二　兩文疑複而誤刪例

周書酆保篇：「不深乃權不重。」按：此當作「不深不重，乃權不重。」蓋承上文「深念之哉，重維之哉」而言。謂不深念之，不重維之，則其權不重也。後人因兩句皆有「不重」
字而誤刪其一，不知上句「不重」乃重複之「重」，下句「不重」乃輕重之「重」，字雖同
而義則異也。

商子農戰篇：「國作一歲者十歲強，作一十歲者百歲強，修一百歲者千歲強。」按：此
承上句「是以聖人作壹摶之也」而言。本云「國作壹一歲者十歲強，作壹十歲者百歲強，作
壹百歲者千歲強」，乃極言「作壹」之效。本篇「作壹」字屢見，此四言「作壹」，乃一篇
之宗旨也。讀者誤謂「壹」「一」同字，而於「作壹一歲」句刪去「壹」字，於下兩句又改
「壹」爲「一」，末句「作」字又誤爲「修」，於是其義全失矣。

八十三　據他書而誤改例

禮記坊記篇引詩：「橫從其畝。」按：毛詩作「衡從其畝」。傳曰：「衡獵之，從獵之。」
釋文引韓詩作「橫由其畝」。東西耕曰橫，南北耕曰由。此經引詩，上字既同韓詩作「橫」，
下字亦必同韓詩作「由」。鄭君疑南北耕不可謂之由，故不從韓義而別爲之說曰：「橫行治其
田也。」廣雅釋詁曰：「由，行也。」鄭訓「橫由」爲「橫行」，其意如此。後人

改禮記，而注義晦矣。

墨子七患篇：「爲者疾，食者衆，則歲無豐。」按：「疾」當作「寡」。爲者寡而食者衆，雖豐年不足供之，故歲無豐也。今作「爲者疾」，後人據大學改之。

荀子勸學篇：「君子博學而日參省乎己。」按：「省乎」二字衍文。大戴記勸學篇作「君子博學如日參己焉。」「如」、「而」古通用，無「省乎」二字。此作「君子博學而日參省乎己」，後人據論語增之。

呂氏春秋孟春紀：「乘鸞輅。」按：「鸞」，本作「鑾」。高注曰：「鑾鳥在衡，和在軾，鳴相應和，後世不能復致，鑄銅爲之，飾以金，謂之鑾輅也。」高意鑄銅象鑾鳥，故其字從金，從鑾省；若本是鑾字，不必有鑄銅飾金之說矣。今作「鑾輅」者，後人據禮記改之，遂幷高注而竄易之。

淮南子詮言篇：「此四者，耳、目、鼻、口，不知所取去，心爲之制，各得其所。」按：上文云「目好色，耳好聲，口好味。」此承上文而言，不當有「鼻」字；蓋後人據文子符言篇增入之。不知彼上文「目好色，耳好聲，鼻好香，口好味，」與此不同，未可據彼增此也。

八十四　據他書而誤解例

詩鄭風羔羊篇：「三英粲兮。」傳曰：「三英，三德也。」箋云：「三德，剛克、柔克、正直也。」按：三德，即具本詩。首章「洵直且侯」一句有二德，次章「孔武有力」一句爲一德。直也，侯也，武也，所謂三德也。鄭以洪範說此詩，恐未必然。蓋一經自有一經之旨，牽合他書爲說，往往失之。

董子三代改制質文篇：「故四法如四時然。」按：四法，即上文所謂「主天法商而王，主地法夏而王，主天法質而王，主地法文而王」也。盧氏文弨注引錢說云，「四法，即夫子所以告顏淵者，」亦猶鄭君之以洪範三德說三英矣。

書序以武庚、管叔、蔡叔爲三監，逸周書作雒篇以武庚、管叔、霍叔爲三監。左傳以「皇皇者華」一詩爲有五善，魯語則謂有六德。周禮天官有九嬪，無三夫人；昏義則有三夫人。周禮六官爲六卿，考工記匠人則有九卿。匠人營國方九里，旁三門，凡十二門；月令則但有九門。王制：「士一廟。」祭法則云：「適士二廟，官師一廟，庶士無廟。」曲禮王制竝云：「大夫祭五祀。」祭法則云：「大夫立三祀。」凡此之類，當各依本文爲說；援据他書，牽

八十五　分章錯誤例

詩關雎篇：「關雎五章，章四句。故言三章：一章，章四句；二章，章八句。」釋文曰：「五章，是鄭所分，『故言』以下是毛公本意，後放此。」按：關雎分章，毛、鄭不同，今從毛，不從鄭。竊謂此詩當分四章，每章皆有「窈窕淑女」句，凡四言「窈窕淑女」，則四章也。

首章以「關關雎鳩」與「窈窕淑女」，下三章皆以「參差荇菜」與「窈窕淑女」；惟弟二章增「求之不得，寤寐思服，悠哉悠哉，展轉反側」四句。此古人章法之變。「求之不得」正承「寤寐求之」而言，鄭分而二之，非是。毛以此章八句，遂合三四兩章為一，使亦成八句，則亦失之矣。

論語分章亦有可議者。如「子曰雍也可使南面」為一章，「仲弓問子桑伯子」以下又為一章。必謂仲弓聞夫子許己，因問子桑伯子以自質，則失之泥矣。此古注是而今非也。「子謂顏淵曰，用之則行，舍之則藏，惟我與爾有是夫」為一章，「子路曰」以下又為一章。子路之問，乃是自負其勇；必謂因夫子獨美顏淵而有此問，則視子路太淺矣。此古注與今本俱失者也。

老子五十七章：「以正治國，以奇用兵，以無事取天下，吾何以知其然哉？以此。」按：

此數句當屬上章。如二十二章曰，「吾何以知衆甫之然哉？以此。」五十四章曰，「吾何以

知天下之然哉？以此。」並用「以此」二字爲章末結句是也。下文「天下多忌諱而民常貧」，

乃別爲一章。今本誤。

八十六　分篇錯誤例

呂氏春秋貴信篇：「管子可謂能因物矣。以辱爲榮，以窮爲通，雖失乎前，可謂後得之

矣，物固不可全也。」按：貴信篇文止於「可謂後得之矣」。言管仲失乎前而得乎後，其意

已足；「物固不可全也」，乃下舉難篇之起句。故其下云，「由此觀之，物豈可全哉？」正

與起句相應也。今本誤。

董子深察名號篇：「詰其名實，觀其離合，則是非之情，不可以相讕也。」按：此下當

接「春秋辨物之理」至「五石六鷁之辭是也」六十三字；深察名號篇至此已畢。「今世闇於

性言之者不同」至「離質如毛則非性矣，不可不察也」八十三字，與「枉衆惡於內」云云相

接，即爲實性上篇。今此八十三字誤羼入深察名號篇「春秋辨物之理」一節之上，而兩篇遂
不可分矣，非董子之舊。

八十七　誤讀夫字例

「夫」字古或用作詠歎之辭，人所盡曉；乃亦有誤屬下讀者。論語子罕篇：「未之思也，
夫何遠之有。」此當於「夫」字絕句，今誤連「何遠之有」讀之。孟子離婁篇：「仁不可爲
衆也，夫國君好仁，天下無敵。」此亦當於「夫」字絕句，今誤連「國君好仁」讀之。
莊子徐無鬼篇：「其求唐子也而未始出域，有遺類也夫。」按：「有遺類也夫」，乃反
言以明之，言必無遺類也。郭注以「夫」字連下「楚人寄而蹢閽者」讀，故失其義。
呂氏春秋開春篇：「先君必欲一見羣臣百姓也，天故使濚水見之。」按：「天」乃「夫」
字之誤。戰國策魏策、論衡死僞篇並作「夫」，「夫」字屬上讀。此誤作「天」者，失其讀
因誤其字也。

八十八　誤增不字例

古書簡奧，文義難明，後人不曉，率臆增益，致失其眞，比比皆是；乃有妄增「不」字，致與古人意旨大相剌謬者。管子法法篇：「盡而不意，故能疑神。」疑神猶言如神。形勢篇曰，「無廣者疑神，」是其證也。後人不曉疑神之語，改作「故不能疑神」，失其旨矣。又參患篇：「法制有常，則民散而上合，」與上文「治國無法，則民朋黨而下比，」相對為文。散者，散其朋黨也。後人不曉民散之語，改作「則民不散而上合」，失其旨矣。又商子修權篇，「故多惠言而剋其賞，」此謂口惠而實不至也，故與「數加嚴令而不致其刑」相對為文。後人不曉，改作「不多惠言」，失其旨矣。呂氏春秋淫辭篇：「罪不善，善者故為畏。」此「故」字當讀為「胡」，「胡」與「故」，古字通用。言所罪者止是不善者，則善者胡為畏也。楊倞注荀子解蔽篇引論衡，正作「善者胡為畏」，是其明證。後人不曉，改作「善者故為不畏」，失其旨矣。凡此之類，皆後人妄加，致與古人立言之旨南轅而北轍。善讀者宜體會全文，訂正其誤，不可為其所惑也。

莊子一書，文章超妙，讀者不得其用筆之意，拘牽文義，妄加「不」字甚多。如胠篋篇：「然則鄉之所謂知者，乃為大盜積者也。」此承上文而言之。下曰：「故嘗試論之，世俗所謂知者，有不為大盜積者乎？所謂聖者，有不為大盜守者乎？」又承此而推言之，與此文不

同。讀者誤據下文，於此文亦增「不」字，作「不乃爲大盜積者也」，則文不成義矣。又，天

道篇：「世人以形色名聲爲足以得之。夫形色名聲，果足以得彼之情，則知者不言，言者不

知，而世豈識之哉？」四十二字一氣相屬；〔二〕今妄增「不」字，作「果不足以得彼之情」，

則不相屬矣。達生篇：「世之人以爲養形足以存生。而養形果足以存生，則世奚足爲哉？」

二十五字亦一氣相屬，「而」字當讀爲「如」；今妄增「不」字，作「而養形果不足以存

生」，則不相屬矣。凡此皆拘牽文義者所爲也。

淮南子原道篇：「夫內不開於中而強學問者，入於耳而不著於心，」此言道聽而塗說也；今

作「不入於耳」，失之。於是知不善讀書而率臆妄改，皆與古人反脣相譏也。

賈子屬遠篇：「故陳勝一動而天下振，」言天下爲之振動也；今作「天下不振」，失之。

楊子法言學行篇：「川有瀆，山有嶽，高而且大者，衆人所能踰也。」又曰：「使我紆

屬」——校點者

〔一〕按莊子原文，作「世人以形色名聲爲足以得彼之情，夫形色名聲，果不足以得彼之情，」三句中多「彼」、
「情」、「不」三字。如此連下三句方足四十二字。今俞氏所引莊子既除去此三字，則應稱「三十九字一氣相

朱懷金，其樂可量也。」（從文選注訂正）此兩「也」字均當讀爲「邪」。古「也」、「邪」字通用。「衆人所能踰也」，「其樂可量也」，言不可量也。學者不達古語，妄加「不」字，作「衆人所不能踰也」，「其樂不可量也」。淺人讀之，似乎文從字順，而實則翾其反矣。

列子仲尼篇：「不治而自亂。」亂，治也。謂不治而自治也。與下文「不言而自信，不化而自行」一律。今作「不治而不亂」，此則臆改而非妄加，然其失當，則亦同科。

古書疑義舉例補

古書疑義舉例補

儀徵　劉師培

幼讀德清俞氏書，至〈古書疑義舉例〉，嘆爲絕作，以爲載籍之中，奧言隱詞，解者紛歧，惟約舉其例，以治羣書，庶疑文冰釋，蓋發古今未有之奇也。近治小學，竊師其例，於俞書所未備者，得義數十條，以補俞書之缺，續貂之譏，詎能免乎！

一　兩字並列係雙聲疊韻之字而後人分析解之之例

王氏懷祖曰：「〈大正民勞篇〉：『無縱詭隨，以謹無良。』『詭』，古讀如『果』；『隨』，古讀若『隋』。毛傳云：『詭隨，詭人之善，隨人之惡者。』按『詭隨』疊韻字，不得分訓。詭隨，即無良者，蓋謂譎詐欺謾之人也。」　案：王說甚確，「詭隨」即方言之「鬼䰡」，毛傳分訓爲二義，失之。

荀子修身篇云：「倚魁之行，非不難也。」楊倞注云：「倚，奇也；魁，大也。」案：

「倚魁」卽「詭隨」之倒文，乃疊韻字之表象者也。楊注分訓，失之。

左氏傳昭公二十九年云：「鬱湮不育。」史記夏本紀集解引賈逵注云：「志十鬱伊於下。」

湮，塞也。」案：「鬱湮」，卽「鬱伊」之轉音。後漢書崔寔傳云：「鬱，湮也；

章懷注云：「不申之貌。」是「鬱伊」卽「鬱湮」也。又「鬱伊」之音，轉爲「鬱邑」。

楚詞離騷經云：「曾歔欷余鬱邑兮。」王逸注云：「鬱邑，憂也。」均與左傳之「鬱湮」同

意。鬱、湮二字爲雙聲，且係表象之詞，以湮塞之義訓之，固亦可通，惟不當分訓某字爲

湮，某字爲塞耳。賈說失之。

詩關雎篇云：「窈窕淑女，君子好逑。」毛傳云：「善心曰窈，善容曰窕。」案：窈窕

二字，乃疊韻字之表象者也，以善心善容分訓之，未免迂拘。毛傳解詩，類此者甚多，學者

不必篤信也。

二　兩字並列均爲表象之詞而後人望文生訓之例

楊雄方言云：「娥嬴，好也。秦曰娥，宋、魏之間謂之嬴，秦、晉之間，凡好而輕者謂之

娥；自關而東，河、濟之間謂之媌。」郭注云：「今關西亦呼好爲媌。」又說文云：「媌，

目裏好也。」列子周穆王篇云：「簡鄭、衛之處子，娥媌靡曼者。」張湛注云：「娥媌，姣好也。」是娥媌二字，爲形容貌美之詞。詩衛風碩人云：「螓首娥眉。」娥眉螓首，非並列之詞也。「蛾眉」二字，卽係「娥媌」之異文。眉、媌又一聲之轉，所以形容女首之美也。楚詞離騷經云：「衆女嫉予之蛾眉兮。」「蛾」或作「娥」。王逸注訓爲「好貌」，則亦以「娥媌」之義解「蛾眉」矣。又景差大招云：「娥眉曼兮，」楊雄賦云：「虙妃曾不得施其娥眉。」均與離騷經「蛾眉」之義同。至於魏、晉之時，始以眉爲眉目之眉。如晉陸士衡詩云：「美目揚玉澤，蛾眉象翠翰。」以眉對目，而眉、媌通轉之義亡矣。若唐顏師古注漢書，謂「眉形有若蠶蛾，故曰蛾眉」，則並不知蛾眉之通叚，可謂望文生訓者矣。近人多從其義，失之。

大戴禮文王官人篇云：「畸鬼者不仁。」「畸鬼」者，卽荀子之「倚魁」，亦卽詩大雅「詭隨」之倒文也。畸鬼二字，係表象之詞。而盧辯注云：「恃禱祠而不自修，」則以鬼爲鬼神之鬼，可謂望文生訓矣。

荀子富國篇云：「雖爲之逢蒙視。」楊倞注云：「逢蒙，古之善射者，言如善射者之視物微眇，不過正視也。」郝氏蘭皋曰：「逢蒙疊韻，古或無正字。」王氏懷祖曰：「逢蒙視，微

視也，卽淮南之籠蒙，新書之風䨄。」案：王氏之說是也。據楊雄方言，以小雀謂之「篾雀」，

荀子勸學篇作「蒙鳩」，大戴禮作「鵁鳩」。是蒙、鵁二字，均有細義。逢蒙二字，亦猶是

也。善射之人名逢蒙，或係以察及細微得名；然決不可以善射之逢蒙，解荀子之「逢蒙視」。

楊注之說，近於望文生訓，宜郝、王之斥其非也。

三 二義相反而一字之中兼具其義之例

此訓義之反覆用之是也。

方言云：「苦，快也。」郭注云：「苦而曰快者，猶以臭爲香，以亂爲治，以徂爲存。」

方言云：「鬱悠，思也。」郭注云：「猶鬱陶也。」孟子云：「鬱陶思君爾。」是「鬱

陶」爲憂思之義。「鬱陶」卽「鬱悠」，「悠」轉爲「繇」，又轉爲「邑」。王逸楚詞注云：「鬱

邑」，憂也。」故爾雅訓「繇」爲「憂」，廣雅亦訓「陶」爲「憂」。是鬱、陶、繇三字，

俱有憂字之義。而爾雅又云：「鬱、陶、繇，喜也。」禮記檀弓下云：「人喜則思陶。」鄭

注云：「陶，鬱陶也。」樂緯稽耀嘉云：唐類函引「酌酒鬱搖。」注云：「喜悅也。」「鬱搖」

卽「鬱繇」，是鬱、陶、繇三字，又俱有喜字之義。蓋憂、喜皆生於思，故鬱、陶、繇三字，

均兼有憂、喜二義也。

禮記樂記篇云：「外貌斯須不莊不敬，則易慢之心入之矣。」「易慢」二字，倒文則曰「慢易」。樂記又云：「望其容貌，而民不生慢易也。」「慢易」即「怠忽」，與畏懼相反。而方言云：「謾台，懼也。」「謾台」即「怠忽」，與「慢易」同，而又爲畏懼之意，與「慢易」相反。蓋怠忽謂之「慢易」，畏懼亦謂之「謾台」也。

周書謚法解：「中情見貌曰穆，」是穆有誠信之義。史記魯世家則作「繆」，（方言：「穆，信也。」穆與睦同。廣雅：「睦，信也。」）集解引徐廣曰：「古文穆多作繆。」而蔡邕獨斷曰：「名實相反爲繆。」是誠信謂之「穆」，而不誠亦謂之「穆」也。

爾雅：「介，大也。」方言、說文：「奔，大也。」故大圭謂之玠圭，（說文）大丘謂之介邱。注亦云：「介，纖也。」周禮司市：「泲于介次。」鄭注云：「介次，市亭之屬別小者也。」虞（左傳服注。）是介訓爲大。而易經豫卦：「介于石。」馬本作「扴」。注云：「扴，觸小石聲。」而芥爲小艸，（說文）䯍骱爲小骨，礓砎爲小石，（廣韻）則介字又有小義。是介字兼有大、小二義也。字有異訓，類此者甚多。

左氏傳宣公十二年云：「取其鯨鯢而封之，以爲大戮。」杜注云：「鯨鯢，大魚名。」

疏引廣州記：「鯨鯢長百尺。」而莊子外物篇曰：「守鯢鮒。」釋文引李頤注云：「鯢鮒皆小魚。」

是魚之大者謂之鯨，小者亦謂之鯢也。

說文云：「麠，大鹿也。牛尾一角，或作麖。」蓋「京」義多訓爲「大」。故加鹿則爲麠，

加魚則爲鯨。而山海經中山經云：「尸山，其獸多麖。」郭注云：「似鹿而小。」漢書地理志云：

「地多麈麖。」顏注亦云：「麖，似鹿而小者。」與郭注同。是獸之大者謂之麠，其小者亦

謂之麖也。

廣韻：「終，竟也。」故終有末義。如易雜卦：「女之終也，」書君奭：「其終出于不祥

是。然「終」又訓爲「自」，則有「從」「起」之義。漢書南越傳云：「終今以來，」猶云

自今以來也。此一字兼含二義之證。

左傳昭元年：「五降之後，不容彈矣。」後漢書李固傳：「而容不盡乎？」「容」即

「可」義。又後漢書楊秉傳：「容可近乎？」三國志辛毗傳：「容得已乎？」「容」與「庸

通，又訓爲「豈」。是「可」，「豈可」之義亦爲「容」也。

「一」爲決定之詞。檀弓正義說。而論語「一則以喜，一則以懼，」又爲或詞。

「頗」爲略少之訓。如叔孫通傳：「願頗采古禮」」王莽傳：「略頗稍給」是。而漢書灌夫傳：「所言

灌夫頗不懽，」又爲多詞。

「宜」爲應合之詞。如詩大雅「宜民宜人」是也。而孟子「宜若可爲也」，則「宜」爲

「計而未定」之詞。蓋「應合」爲「宜」；「計而未定」亦或用「宜」。

「豈」爲屏絕之詞。而漢書丙吉傳：「願將軍詳大議，參以蓍龜，豈宜襃顯，先使入侍，」

則爲「或可」之詞。蓋「不可」爲「豈」；「或可」亦爲「豈」。

「苟」爲誠詞。如論語：「苟志於仁。」朱注曰：「誠也。」又爲粗且之詞。詩：「苟亦

無然。」鄭箋云：「且也。」

「誠」爲實詞。如孟子「是誠何心哉」是也。又爲未定之詞。如史記秦本紀「誠得立」是

也。

「始」謂之「原」，如原來是。「再」亦謂之「原」，如原蠶、原筮、原廟是。爾雅：

「原，再也。」亦其證。

四　使用器物之詞同於器物之名例

書經顧命篇云：「一人冕執劉。」鄭注云：「劉，蓋今鑱斧」是也。又爾雅釋詁云：「劉，

殺也。」方言、廣雅均同。左傳成十三年「虔劉」，杜注亦訓爲「殺」。蓋殺人之器謂之

「劉」，而殺亦訓「劉」。

說文云：「劍，佩刀也。」而晉潘岳馬汧督誄序云：「漢明帝時，有司馬叔持者，白日

于都市，手劍父仇。」蓋殺人之器謂之「劍」，而以劍殺人亦謂之「劍」。是猶刀謂之「刃」，

以刃加人亦謂之「刃」也。

說文云：「鏝，鐵杇也，或從木作槾。」爾雅釋宮篇云：「鏝謂之杇。」李巡注云：「鏝，

一名鈋，塗工作具也。」又呂氏春秋離俗篇云：「不漫于利。」高誘注云：「漫，汙也。」

「漫」與「鏝」同，「汙」與「杇」同。蓋塗物之具，或謂之「鏝」，亦謂之「杇」，而所

塗之物，亦或稱爲「漫」，或稱爲「汙」也。

方言云：「蘇，芥艸也。」郭璞注云：「漢書曰：『樵蘇而爨。』蘇猶蘆。」案漢書此

語見于淮陰侯韓信傳中；惟「而」字作「後」。集解引漢書音義云：「蘇，取艸也。」又莊

子天運篇云：「蘇者取而爨之。」李頤注云：「蘇，艸也，取艸者得以炊也。」王逸楚詞章句

云：「蘇，取也。」蘇，或去艸作「取」。說文云：「穌，把取禾若也。」「穌」卽「蘇」

字，故均有「取」字之義。蓋艸謂之「蘇」，取艸亦謂之「蘇」。是猶艸謂之「芻」，如芻

豢之芻是。而取艸亦謂之「芻」，孟子「芻蕘者往焉」是。薪謂之「樵」，而采薪亦謂之「樵」也。是又取艸為「芻」，而取艸之人亦曰「芻蕘」；采薪為「樵」，而采薪之人亦曰「樵夫」。是又展轉相稱之名詞也。

五　雙聲之字後人誤讀之例

書經虞書益稷篇云：「克諧以孝，烝烝乂，不格姦。」「格」，史記五帝本紀作「至」。禮記學記云：「則扞格而不勝。」注云：「扞格，堅不可入之貌。」釋文曰：「扞格不入也。」「扞格」二字，倒文則為「格姦」。扞從干聲，干格亦一聲之轉。不格姦者，猶言不扞格。言舜處家庭之閒，無所障塞，即論語所謂「在家必達」也。若解為「不至于姦」，則失古語形容之旨矣。

孟子盡心篇云：「山徑之蹊閒介，然用之而成路。」趙注以「介然」為句。孫奭音義云：「閒，張如字。」案：「閒介」亦雙聲字，「然」字當屬下讀。「閒介」者，即「扞格」之轉音，亦即「格姦」之倒文也。「閒介」二字，形容山徑障塞之形，故下文云：「然用之而成路。」漢馬融長笛賦云：「閒介無蹊。」李善注引孟子此文解之。此蓋漢儒相傳之舊讀，自趙氏不達古訓，妄以「介然」爲句，非也。朱子又以「介然」屬下句，而「閒介」之古訓益泯。惟明于「閒介」之義，與「扞格」同，則「格姦」之義，同于「扞格」，益可知矣。古籍雙聲之字並用，均係表象之詞，後儒不知而誤解之，其失古人之意者多矣。

六　二語相聯字同用別之例

左傳隱元年云：「無使滋蔓！蔓，難圖也；蔓艸猶不可除，況君之寵弟乎？」服注云：「滋，益也。蔓，延也。謂無使其益延長也。」案：說文云：「滋，益也。」「蔓，引也。」「蔓，葛屬。」服注之說，略與彼符。蓋引延雙聲，均延長之義也。毛詩：「野有蔓艸。」傳云：「蔓，延也。」惟案以傳文之義，則上「蔓」字爲靜詞，下「蔓」字爲名詞。蓋「蔓」、「蔓」古通，「滋蔓」之字，應從說文作「曼」。滋蔓者，卽益長之義也。「蔓難圖也」之「蔓」，則爲艸名，應從說文作「蔓」，卽葛屬也。「難圖」二字，爲形容蔓艸難除之詞，說文云：「圖，畫計難也。從囗從啚。啚，難意也。」是難圖二字，爲互訓之詞，乃形容蔓艸難除之狀也。後人以不易圖解之，其說非是。故下文又言「蔓艸猶不可除」也。古人屬詞，多取字同用別之字，互相聯屬，故上語言「滋蔓」，下文則取「蔓艸」爲喻。此古籍字同用別之例也。

左傳隱元年云：「既而太叔命西鄙北鄙貳于己。」公子呂曰：『國不堪貳，君將若之何？』」又云：「太叔又收貳以爲己邑。」漢儒無注。案：說文云：「貳，副益也，從貝，弍聲。弍，古文二。」又云：「二，地之數也，從偶一。」是「貳」之本義訓爲「副益」。惟按傳文觀之，則「貳於己」之「貳」，當作「副益」解；而「國不堪貳」、「百姓攜貳」〈即周語〉之「貳」，兩義稍殊。副益者，猶言分其地以益己也〈說文云：「副，判也。」曲禮：「爲天子削瓜者副之。」鄭注云：「分也。」〉。是副爲分析之義。下文「收貳以爲己邑」，猶言收副益之地爲己有也。若「國不堪貳」之「貳」，則爲分離之義。蓋段以西鄙北鄙之地，分以益己，則一國呈分離之象。「國不堪貳」者，猶言國不堪分也。蓋西鄙北鄙，于段爲增益，于鄭爲離畔。「貳於己」之「貳」，爲形容增益之詞；「國不堪貳」之「貳」，爲形容離畔之詞。是猶「離」有「分」義，「離」訓爲「麗」，又有「附合」之義也。若「收貳」之「貳」，又以「貳」字代西鄙北鄙。足證古籍屬詞，往往數語相聯，雖所用之字相同，而取義各別，不得以上語之詁，移釋下語之詁也。鄭康成注禮記坊記：「示民不貳。」以「自貳」爲「若鄭共叔」。孔氏正義申之，以左傳「國不堪貳」，謂「除若身之外，不當更有副貳之君」，則誤解說文之義。至杜注以「貳」爲兩屬，尤爲望文生訓，均不可從。

七　虛數不可實指之例

汪中述學釋三九篇云：「生人之措辭，凡一二所不能盡者，則約之三以見其多；三之所不能盡者，則約之九以見其極多；此言語之虛數也。實數可指也，虛數不可執也，推之十百千萬，莫不皆然。」自汪氏發明斯說，而古籍膠固牽通之義，均渙然冰釋矣。

古籍記數，多據成數而言。禮記明堂位言：「有虞氏官五十，夏后氏官百，殷二百，周三百。」案：鄭康成注禮記王制、昏義，均以「天子立三公、九卿、二十七大夫、八十一元士」爲夏制，是夏代職官，百有二十；則「夏后氏百」者，舉成數言之也。殷代下士之數，倍于上士，則爲二百有一人，「殷二百」者，亦舉成數言也。周人以下士參上士，卽春秋繁露所謂「天子分左右五等三百六十三人」也。則周官三百，亦係約舉之詞。鄭注以爲「舍冬官實則六官之屬，有不足六十者，有浮于六十之數者；則屬官六十，亦係約舉之詞，與論語「詩三百」、「誦詩三百」同例。蓋古代書籍，以便于記誦爲主，故記數之詞，往往舉成數以爲實」，故曰官三百。」非也。又周禮天官小宰，于天、地、春、夏、秋、冬六官，均言「其屬六十」。

言。若強為之解，徒見其截趾適履耳。孔子弟子七十二人，孟子言七十子，亦此例也。

古人於數之繁者，則約之以百，如百工、百物、百貨、百穀是也。虞書堯典篇：「平章百姓。」不必得姓者僅百家也。荀子正論篇：「古者天子千官，諸侯百官。」不必泥于千百之數也。百之所不能盡者，則推而上之，至于千、百、億、兆。國語楚語云：「百姓、千品、萬民、億醜、兆民、經入、姟數以奉之。」〔一〕鄭語云：「先王合十數以訓百體，出千品，具萬方，計億事，材兆物，收經入，行姟極。」此皆虛擬之詞，不必實有其數也。伊尹五就湯，五就桀，亦然。

古籍以「三」字為形容眾多之詞。其數之最繁者，則擬以「三百」之數，以見其多；其數之尤繁者，則擬以三千之數，以見其尤多。左傳僖二十八年：「且乘軒者三百人焉，」不過極言其冗官之眾耳，非必限于三百人也。史記言：「孔子弟子三千，」「古詩三千，」「孟嘗、平原、春申之客三千，」「東方朔用三千奏牘。」褚先生補。亦係形容眾多之詞，非必限於三千之數，亦未必足於三千之數也。舉斯以推，則禮記禮器篇，「經禮三百，曲禮三千…」

〔一〕按士禮居黃氏重雕本「萬民」作「萬官」，「姟數」作「咳數」。

中庸篇，「曲禮三百，威儀三千⋯」猶言數百、數千耳，不必以三爲限，亦不必定以周禮、

儀禮詁之也。又詩曹風：「三百赤芾」，亦係約舉之詞，與左傳「乘軒者三百人」同例。又唐白居易長恨歌

云：「後宮佳麗三千人。」三千之數，亦屬約舉，後世用兵，有所謂十萬、百萬者，與此同例。非確

數也。

古人于浩繁之數，有不能確指其目者，則所舉之數，或曰三十六，或曰七十二，如三十

六天、三十六宮是也。三十六天之例，與九天同；三十六宮之例，與千門萬戶同；不必泥定

數以求也。又史記封禪書，載管子對桓公語，謂「古之封禪者七十有二家，夷吾所記者十有

二。」夫其詳既不可得聞，則七十二家之數，亦係以虛擬之詞，表其衆多。莊子載孔子語，

謂「以六藝干七十二君」。夫孔子所經之國，不過十餘，則七十二君，亦係虛擬之詞。由斯

而推，則佛經言八萬四千，言三十六，言七十，言百一，多寡不同，均係表象之詞，不必確

求其數也。　詩召旻：「日闢國百里，」「日蹙國百里，」亦係形容之詞，不可指實事求之。

古人記數，有出以懸揣之詞者，所舉之數，不必與實相符，亦不致大與實違。如書序、

孟子，皆言「武王伐殷，車三百兩」；而逸周書伐殷解，則言「周車三百五十乘。」蓋一爲

實數，一爲懸揣之詞。又如孟子言「由周而來，七百有餘歲，」此不足七百之數者也。　故趙注上

溯太王、王季之開基，以求合孟子之言，近儒江永、焦循強以關劉歆三統歷之誤，非也。史記言「孔子卒後至于

今五百年」，此不足五百之數者也。

不止二百餘年者也。若言「淳于髡後百餘年，楚有優孟」，其語尤誤。又刺客傳，言「專諸刺吳王後七

十餘年，晉有豫讓之事。」實六十二年。「豫讓刺趙襄後四十餘年，而軹有聶政之事。」實五十七

年。「聶政刺俠累後二百二十年，而秦有荊軻之事。」徐廣曰：「僅百七十年。」所記之數，均與實

違。此則古人屬文，多出以想像之詞，不必盡合于實數。由是以推，則凡古史紀年互歧者，

均可緣此例以解之矣。又孟子：「君子小人之澤，五世而斬。」亦係懸擬之詞。

少；不必確如其數。如孟子滕文公篇云：「湯以七十里，文王以百里。」又史記平原君傳云：「毛遂

古人屬詞記事，恆視其言之旨為轉移。形容其大，則誣少為多；形容其小，則省多為

曰，遂聞湯以七十里之地王天下，文王以百里之地臣諸侯。」荀子仲尼篇曰：「文王載百里地而天下一。」韓詩外傳卷四云：

「客有說春申君者曰，湯以七十里，文王以百里，皆兼天下。」顧炎武日知錄曰：「孟子為此言，以

證王之不待大耳。其實文王之國，不止百里。周自王季伐諸戎，疆土日大。文王自岐遷豐，

其國已跨三四百里之地；伐崇伐密，自河以西，舉屬之周。至于武王，而西及梁、益，東臨

上黨，無非周地。」夫湯、文疆土廣延，踰于孟子所言者數倍。另有考詳之。而孟子言文王之囿，

已云方七十里，則所謂百里、七十里者，不過援古代封國之制，以形容其小，猶後世所謂彈

丸赤子耳。〈史記荀子諸書亦然。〉

由方百里起之文，遂謂：「文王初與，其地不過百里，」殆古人所謂刻舟求劍者歟？又晏子

春秋內篇雜下云：「炙三弋、五卵當作卵 苔菜耳矣，」此不過形容其儉耳。非必弋限以三，卵

限于五也。此例既明，而後儒昧於詞例，強附古制者，可以息其喙矣。

古籍記事，恆記其後先之次，若飾詞附會，律以一定之時期，則拘泥鮮通。如史記言：

「舜所居，一年成聚，二年成邑，三年成都。」此不過敍成聚成邑成都之先後耳，不必膠執

其年也。又孫眞人千金方，述徐之才養胎法云：「婦人受孕一月，足厥陰脈養，陰陽新合，

名始胚。〈原命論作「始形」。〉二月足少陽脈養，陰陽居經，名始膏。三月手心主脈養，有定形，名始

胞。〈原病論作「胎」。〉四月手少陽脈養，始受水精，以成血脈。五月足太陰脈養，始受火精，以

成其氣。六月足陽明脈養，始受金精，以成其筋。七月手太陰脈養，始受木精，以成其骨。

八月手陽明脈養，始受土精，以成膚革。九月足少陰脈養，始受石精，以成皮毛。而穀氣入

胃，石稟五氣之餘，藏府百骸俱實，故謂之石。十月五藏俱備，六府齊通，納天地之氣于丹

田。」夫徐氏之說，不過敍血氣、筋骨、膚革、皮毛、藏府生成之次第耳。惟泥以一定之期，

又附會陰陽五行之說，則爲支詞。夫世人固有七月生子者，若如徐氏之說，則膚革、皮毛、

藏府均未備矣。則徐氏所言，亦虛擬之數，不必拘滯其詞也。

古籍屬詞，多沿故語，所舉之數，或與實達，互相因襲，罔察其誣。如殷代以下之官，百

不必以百爲限，而論語言：「君薨，百官總己以聽于冢宰三年。」又言：「不見宗廟之美，百

官之富。」百官猶言衆官，其不言衆官者，不過沿用古代百官之語耳。又古代舍高原而外，

洪水縈環，故稱四方爲四海，而後世遂有四海之稱。實則中土四周，非臨海水。古代邦國狹

小，虞、夏之交，計有萬國，而後世遂有萬邦之語。實則夏代以降，國僅數千。此皆沿古代

之數以致誤者也。後世百姓、萬民之稱，與此略同。

汪氏之說，亦有言之未盡者。論語憲問篇云：「桓公九合諸侯，不以兵車。」而管子、

小匡篇，又戒篇作「三匡」。晏子春秋、問下篇。荀子、王霸篇。韓非子、十過篇及姦劫篇、外儲說。呂

氏春秋、審分覽。韓詩外傳、卷六、卷八、卷十。大戴禮、保傅篇。史記、齊世家及蔡澤傳。戰國策、

魯連遺燕將書。越絕書、外傳、吳內傳。淮南子、氾論訓。說苑、尊賢篇。新序、雜事篇。論衡、書虛

篇及感類篇。中論，智行篇。均以「九合諸侯」與「一匡天下」對言。離騷天問篇。亦言「九會諸

侯」。范寧穀梁注，謂「鄭玄以兩鄄、兩幽、檉、貫、首戴、寧母、葵邱爲九合，不取北杏

及陽穀。後漢書注，延篤傳。以兩鄹、兩幽、檉、首止、寧母、洮、葵邱爲九合，則又去貫而數洮。」劉炫同。近人盧文弨謂「鄭以柯及兩鄹、兩幽、檉、陽穀、首戴、寧母爲九合，」宋翔鳳駁之。又謂「鄭以柯、兩鄹、檉、首戴、寧母、葵邱爲九合。」說各不同。不知九合猶言屢合，不必以九爲限，卽其數而強解之，非也。朱子易「九」爲「糾」，亦非也。又左傳襄公十一年，晉侯謂魏絳曰：「八年之中，九合諸侯。」服虔以會戚、一合。會城棣救陳、二合。會鄟、三合。會邢丘、四合。會戲、五合。會柤、六合。戌虎牢、七合。盟亳爲八合，蓋合會蕭魚爲九。國語晉語，則作「七合諸侯」。孔晁注及韋注均以會戚、會鄟、會邢邱、盟戲、會鄟、會亳、會蕭魚爲七合，不數救陳與戌鄭。案：左傳所言盟戚，卽所以戌陳；會鄟，卽所以戌虎牢，不得析之爲二，當從國語七合爲確。左傳作「九合」者，與論語「九合諸侯」同例，亦虛數也。又左傳宣十二年：鄭伯逆楚子曰：「使改事君，夷于九縣。」杜注云：「楚滅九國以爲縣，願得比之。」孔疏謂：「息、鄧、弦、黃、夔、江、六、蓼、庸、權、申息，凡十一國，不知何以言九？」沈重謂：「權是小國，庸先楚屬，自外爲九也。」案：沈語附會九縣之名，旣難確指，則九縣卽言衆縣，猶後漢書所謂「九縣飆回」也，奚得一一指其名乎？抑又考之：楚詞九歌本十一篇，而以「九數」標目，則數之不止于九者，亦可以九爲數。蓋「九」訓爲「究」，又爲極數，凡數之指其極者，皆得稱之爲九，不必泥于實數也。舉斯而推，則古籍所謂九攻、九守、九變者，亦可以此例求之矣。三數亦然。〈禮記曲禮篇：「醫不三世，」猶言不數世也。孟子萬章篇：「湯三使往聘之，」猶言數聘之也。後漢書袁紹傳：「結恨三衆。」注云：「三者數之小終，」則三亦爲虛數。此皆汪氏未及言者也，故卽其說推廣之。

八　倒文以成句之例

古人屬詞，往往置實詞于語端，列語詞于語末。如書禹貢「祇台德先」是。〔餘杭章氏已言之。是爲倒文之例。周代之文亦然。如詩崧高篇云，「謝于誠歸，」謝爲申伯之邑，卽上文所謂「邑於謝」也。則「謝于誠歸」，猶言「誠歸于謝」，不過倒詞以叶韻也。〔王氏經傳釋詞略同。又十月之交曰：「以居徂向。」鄭箋云：「擇民之富有車馬者，以往居于向。」則「以居徂向」，猶言「以徂居向」，此非叶韻而亦倒文者也。〔王氏經傳釋詞云：「居，語助。言擇有車馬以徂向也。」非是。又左傳僖九年云：「入而能民，土于何有？」「土于何有」者，猶言何有于土也？〔劉氏助字辨略。猶王氏經傳釋詞略同。昭十三年云：「我之不共，魯故是以。」「以」訓爲「因」，猶言因魯之故也。此皆古籍倒文之例，先實詞而後語詞，與今日本之文法略同。

書酒誥曰，「人無于水監，當于民監，」猶言無監于水，當監于民。

左傳僖二十三年云：「其人能靖者與有幾？」顧炎武補注引邵氏曰：「此倒語也。若曰：

『其有幾能靖者與？』」予案：此當云「其能靖者幾人與？」

禮記中庸，「聲色於化民末也，」猶言聲色化民也。

漢書終軍傳，「此言與實反者非，」猶言此非言與實反也；與周亞夫傳「此非不足君所

乎」同例。

孟子，「晉國，天下莫強焉，」當作「天下莫強于晉國」，與漢高紀「王者莫高于周文」

一例。

史記越世家，「獨以德爲可以除之；」猶言獨爲德可以除之也。

詩小雅：「無不爾或承。」此言無或不爾承也。

漢書鄭吉傳顏師古注曰：「中西域者，言最處諸國之中。」猶言處諸國之最中也。

漢書路溫舒傳：「媮爲一切。」如淳以一切爲權時，不知此係「一切皆媮」之倒文，與

諸侯王表序「一切取勝」同例。

左傳襄三十年：「無不祥大焉。」「無」義為「莫」，猶言不祥莫大焉。「浸假而化

莊子大宗師篇：「浸假而化予之右臂以為彈，浸假而化予之尻以為輪。」「浸假而化

者，郭象「浸」訓為「漸」，蓋猶言假如漸化也，此為倒文。

九　舉偏以該全之例

周禮考工記匠人職云：「內有九室，九嬪居之；外有九室，九卿朝焉。九分其國，以為

九分，九卿治之。」鄭注云：「六卿三孤為九卿。」其說本于班固，漢書百官公卿表。而三少

又見于大戴，保傅篇。蓋「九卿」兼該「孤、卿」而言，言「九卿」則「孤」該其中。王氏

經義述聞，以孤為六卿之首，乃三人而非一人。並謂「三孤非周制，自王莽誤以孤為三公之佐，班氏作表，始以三孤與六

卿為九，乃沿新莽之誤。」其說非是。　是猶侯為封爵之一，言諸侯則公、伯、子、男均該于其中；夷

為東方之人，言四夷則羌、狄、蠻、貉均該于其中也。以此之故，故專名屢易為公名。

不可該「大夫」也。　書禹貢言「三百里蠻」，周禮夏官司馬言「蠻服」「夷服」蠻夷之名，

春秋經屢言「某國殺其大夫」。大夫者，均卿官也。蓋「大夫」可以該「卿」，而「卿」

該四境以為言，非僅限于南蠻、東夷也，亦專名易為公名之例。　又古代「禽」該「鳥獸」言，如易

「失前禽」，孟子「終日不獲一禽」是也。蓋禽可該獸，獸不可該禽。

古代書名，于書中所含之意，亦往往舉偏以該全。如儀禮十七篇，非盡士禮也。因篇首冠、昏諸篇，均以士禮標名，而漢儒遂有士禮之目。又春秋為編年之史，四時具，然後為年；而古史均名春秋，則舉二時以該四時也。明于此例，則乘為兵車，晉乘所言，不必皆兵車之事；〔管子乘馬篇亦然，〕雅為夏聲，爾雅所載，不必無方土之言。若泥書名而求之，則其意狹矣。

十　同義之字並用而義分深淺之例

公羊隱元年：「公及邾婁儀父盟于眛。」傳：「及者何？與也。會及暨，皆與也。曷為或言會？或言及？或言暨？會，猶最也。及，猶汲汲也。暨，猶暨暨也。及，我欲之。暨，不得已也。」爾雅：「暨，不及也。」郭注云：「公羊傳曰：『暨，不得已。』不得及。」

公羊宣八年：「日中而克葬。」傳云：「而者何？難也。乃者何？難也。曷為或言而？或言乃？乃難乎而也。」

公羊僖二十八年：「晉人執衛侯，歸之于京師。」傳云：「歸之于者，罪已定矣。歸于者，罪未定也。」

論語公冶長篇：「吾與女，弗如也。」正義云：「弗者，不之深也。」

劉淇助字辨略曰：「矧、況義同，其詞緩急有別。如詩『矧可射思』，其詞急；孟子『況

於爲之強戰』，其詞緩也。」

劉淇又曰：「畢，盡也，皆也。言皆，則盡不盡未可知；言盡，則皆不皆未可知，兼二

義，謂之畢。」

十一　同字同詞異用之例

劉淇助字辨略曰：「論語：『有是哉！子之迂也。』有是哉，不足之詞。後漢書列女傳：

霸起而笑曰：『有是哉！』此深然之詞，與上義別。」

劉氏又曰：「詩國風，『嘒彼小星，』『彼茁者葭。』此『彼』字，猶言『那個』也。

孟子：『管仲得君如彼其專。』此『彼』字，猶云『那樣』也。義微有別。」

劉氏又曰：「左傳：『屬當戎行。』晉語：『屬見不穀而下。』顏訓爲『近』。『屬』均訓『適』，爲

正當之詞。漢書張良傳：『天下屬安定。』霍光傳：『屬耳。』均訓『適』，爲

但上『屬』字是『正適』之義，此『屬』字係『適纔』之義，故云近也。」

劉氏又曰：「孟子：『然後敢入。』『予然後浩然有歸志。』『然後』，乃也，繼事之詞。漢書萬石君傳：『然後諸子相責。』此『然後』亦是乃詞。然上云因其如此，方敢入，方有歸志，其詞緩；此云見其如此，遂相責謝罪，其詞急。『乃』字原有兩訓，故『然後』亦兼二義也。」

漢書刑法志引孫卿語曰：「世俗之爲說者，以爲治古者無肉刑，有象刑墨黥之屬，菲履赭衣而不純，是不然矣。以爲治古　則人莫觸罪耶？豈獨無肉刑哉？亦不待象刑矣。以爲人或觸罪矣，而直輕其刑，是殺人者不死，而傷人者不刑也。」劉氏助字辨略曰：「前『以爲』，謂詞也；後兩『以爲』，將謂之詞也。」

易經繫辭：「是故夫象，聖人有以見天下之賾，而擬諸其形容，象其物宜，是故謂之象。」劉氏曰：「下『是故』，是緣上事之詞；上『是故』，則發語之詞也。」

古書疑義舉例續補

古書疑義舉例續補目錄

古書疑義舉例續補

長沙　楊樹達

卷　一

一　以製物之質表物例

古人有以製物之質表物者。孟子滕文公上篇云：「許子以釜甑爨，以鐵耕乎？」趙注云：「以鐵爲犁，用之耕否耶？」是鐵謂犁也。不言犁而言鐵者，以犁爲鐵製也。又，離婁下篇云：「抽矢扣輪，去其金，發乘矢而後反。」趙注云：「叩輪去鏃，」是金謂鏃也。乃不言鏃而但言金，以鏃乃金所製也。又，公孫丑下篇：「木若以美然。」左傳僖二十三年云：「我二十五年矣，又如是而嫁，則就木焉。」二「木」字皆謂棺槨，乃不言棺槨而但曰木者，亦以棺槨爲木所製耳。莊子列禦寇篇云：「爲外刑者，金與木也。」郭注云：「木謂桎梏楛桎梏，」亦同此例。

中庸云：「袵金革，死而不厭。」金，謂兵；革，謂甲也。不言兵甲而言金革者，以兵

之質爲金，甲之質爲革耳。此皆以物質表物之例也

物質名可以表物，故凡同質之物，皆可以其質之名表之。此物質名所以有種種不同之訓

義也。孟子去其金之金爲鏃，中庸袪金革之金爲兵，前既言之矣。呂氏春秋求人篇云：「故

功績銘乎金石。」高注云：「金，鐘鼎也。」荀子禮論篇云：「金革轡靷而不入。」楊倞注

云：「金，謂和鸞。」莊子列禦寇篇云：「爲外刑者，金與木也。」郭注云：「金謂刀鋸斧

鉞。」又後漢書馮衍傳云：「懷金垂紫。」李注云：「金，謂印也。」同一金字，而義各不

同如此者，以諸物本皆是金製耳。禮記禮器篇云：「匏竹在下。」注：「匏，笙也。」釋名

釋樂器云：「笙以匏爲之，故曰匏也。」此則明爲以質表物之例發其凡矣。

二　人姓名之閒加助字例

王氏經傳釋詞卷九云：「禮記射義『公罔之裘』。鄭注曰：『之，發聲也。』僖二十四

年左傳：『介之推。』杜注曰：『之，語助。』凡春秋人名中有『之』字者，皆倣此。」按：

莊八年左傳，有石之紛如。又二十八年有耿之不比。論語雍也篇有孟之反。孟子離婁篇有庾

公之斯、尹公之他。皆姓名中加「之」字者也。例證甚多，不必盡舉。

古人姓名之閒，又有加「施」字者。孟子公孫丑上篇云：「孟施舍之所養勇也。」趙注

云：「孟，姓；舍，名；施，發音也。施舍自言其名，則但曰「舍」是也。又有加「設」字者。

左傳昭二十年：「乃見鱄設諸焉。」鱄設諸，史記伍子胥傳只作專諸，故杜注亦但云：「鱄」、「設」，同

屬舌葉音，故或加「之」，或加「施」，或加「設」矣。

三　二字之名省稱一字例

顧氏日知錄卷二十三云：「晉侯重耳之名見於經，而定四年，祝佗述踐土之盟，其載書

止曰『晉重』，豈古人二名，可但稱其一歟？昭元年：『莒展輿出奔吳。』傳曰：『莒展之

不立。』晉語曹僖負羈稱叔振鐸為『先君叔振』：亦二名而稱其一也。昭二十一年：『蔡侯

朱出奔楚。』穀梁傳作『蔡侯東出奔楚』。乃為之說曰：『東者，東國也，何為謂之東也？

王父誘而殺焉，父執而用焉，奔而又奔之曰東，惡之而貶之也。』然則以削其一名為貶也。

又自注云：『定六年，『季孫斯、仲孫忌帥師圍鄆。』杜氏注：『何忌不言何，闕文。』

樹達按：左傳「杞平公郁釐」。穀梁傳同。譙周古史考作「鬱來」，公羊傳作「鬱釐」，史

記陳杞世家則只作「鬱」。鬱、郁同音字。蓋古人記述二名，本有省稱一字之例。穀梁傳削名爲

貶之說，不足據依。不然，春秋諸侯被貶者多矣，未嘗有削名之例也，何獨於蔡侯東國而獨

嚴乎？

曹叔振鐸，晉語只稱叔振。而史記管蔡世家贊云：「如公孫彊不修厥政，叔鐸之祀忽諸。」

又只稱叔鐸，然則二名之中，任舉一字，不必皆舉二字中之首一字也。顧氏引仲孫忌例爲何

忌之省，亦省第一字舉第二字之例，不如杜氏闕文之說也。

史記中此例甚多，今約舉之。魯隱公名，十二諸侯年表作「息姑」。而魯世家云：「惠

公卒，長庶子息攝當國，是爲隱公，」只稱「息」。閔公本名「啟方」，十二諸侯年表及世

家，皆只云「名開」。漢人避景帝諱，故改啟曰開。梁氏玉繩校史記乃云，「息姑脫姑字，開當作

開方，」此梁氏未知古人有省名之例耳。又宋世家云：「昭公弟鮑革，賢而下士。」下文但

稱公子鮑，與左傳同。又陳杞世家之稱夏徵舒，或稱徵舒，或單稱舒：皆此例也。

又景帝紀：「以御史大夫開封侯陶青爲丞相。」陶青，漢書景帝紀及荀悅漢紀皆作陶青

翟。又史記劉郢，漢紀作劉郢客。漢書儒林傳亦但作郢，師古曰：郢，即郢客也。皆他書不省，而史記

省去之例。顏師古注漢書景帝紀，謂「後人傳習不曉，妄增翟字。」不知此處乃史公省而班

增之，顏氏之言，爲不達古書之義例矣。史記汲黯傳，「宗正劉棄」，漢書傳作棄疾，亦史公省而班增之。又史記韓安國傳，「轊翁壹」，漢書作「轊壹」。五宗世家，「臨江哀王閼于」，漢書景十三王傳止作「閼」。此又史記不省而班氏省之之例也。

四　施受同辭例

古人美惡不嫌同辭，俞氏書已言之矣。乃同一事也，一爲主事，一爲受事，且又同時連用，此宜有別白矣。而古人亦不加區別，讀者往往以此迷惑，則亦讀古書者所不可不知也。公羊莊二十八年傳云：「春秋伐者爲客，伐者爲主。」何注云：「伐人者爲客，長言之；伐者爲主，短言之。」然則伐者爲客之「伐」，指伐人者，主事之詞也；伐者爲主之「伐」，指見伐者，受事之詞也。而公羊傳文只皆曰「伐」。史記范雎蔡澤列傳云：「人固不易知，知人亦未易也。」人固不易知者，謂賢者不易見知於人，此「知」字受事之辭也；知人亦未易也之「知」，則主事之辭。而史記只皆曰「知」，初學者便疑其語意複沓矣。墨子耕柱篇云：「大國之攻小國，攻者農夫不得耕，婦人不得織，以守爲事；攻人者亦農夫不得耕，婦人不得織，以攻爲事。」以攻者爲受事之詞，攻人者爲主事之詞，與史記同。雖墨子精於名理，亦不肯於攻者之上，加一見字，稱見攻者，以示嚴密也。

老子第六十一章云：「大國以下小國，則取小國；小國以下大國，則取大國；故或下以取，或下而取。」俞氏云：「『或下以取，或下而取』兩句，文義無別，殊為可疑。當作『故或下以取小國，或下而取大國』，此因下文致誤。」俞書卷六。今按：取小國與或下以取之「取」，主事之辭也；取大國與或下而取之「取」，受事之辭也。取大國者，見取於大國也；或下而取者，或下而見取也。老子下文云：「大國不過欲兼畜人，小國不過欲入事人，夫兩者各得其所欲，大者宜為下。」文義甚明，非謂小國下於大國，則能取得大國也。俞氏不知則取大國與或下而取二「取」字，為見取之義，遂疑兩句文義無別，而謂有誤脫。果如俞氏不知則取大國之說，則或下以取或下而取二語為複沓，且與下文矛盾矣。以俞氏之善讀古書，而不免疑其所不當疑，然則古書信難讀耶！

禮記儒行篇云：「儒有不隕穫於貧賤，不充詘於富貴，不慁君王，不累長上，不閔有司，故曰儒。」按：不慁君王三句，謂不見慁於君王，不見累於長上，不見閔於有司耳。慁、累、閔三字，皆受事之詞，與上文隕穫、充詘一律；若以為主事之詞，則於文義不合矣。此亦施、受同辭，而初學易生誤解者。此類例甚多，不能盡舉，舉一反三，是在善讀書者而巳。

漢書趙充國傳云：「先零首爲叛逆它種刦略。」顏注云：「言被刦略而反叛。」此在初學亦易生誤會。

今表受事之義之詞，曰「被」，曰「受」。「被」本字作「貱」，本爲加于人之詞。說文云：「貱，迻予也。」漢書文帝紀：「卽被南海尉佗書，」謂與書於佗也。然則被本主事之義，而今變爲受事之義矣。受義之反爲「授」，字從受聲，則二字古本同音，與今相同。據此知初民語言，受、授本無區別，加手作「授」，乃造字者恐其溷惑而爲之別白耳。然則施、受同辭，蓋猶初民之遺習歟？

與受、授同例者，有買、賣二字。說文六下出部：「賣，出物貨也。從出從買。」韻會作從買聲是也；今本說文誤耳。今二字聲讀亦相同。徐音說文：「買，莫蟹切。」「賣，莫邂切。」四聲上去不同，古人固無此差別也。此可知古人語言，買、賣二字本無差別。又據說文市穀爲糴，出穀爲糶。然二字皆從糴聲。今本說文五篇下「糶」字下，不言「糴，亦聲」，苗夔說文聲訂卷十訂「當從糴亦聲」是也。則古讀亦當相同。授受，買賣，糶糴，本各兩事也，古人語言且混合不分，則無怪同一事之主、受兩面混淆不分矣。

五　一人之語未竟而他人插語例

古人對談之頃，往往有意欲宣，情勢急迫，不能自制。此在言者爲不得已；而古人敍述其事者，亦據其急迫之狀而述之，此古人文字所以爲質而信也。左傳襄四年載魏絳諫伐戎之詞云：「戎，禽獸也。獲戎失華，毋乃不可乎？夏訓有之曰：『有窮后羿』——」公曰：『后羿何如？』對曰：『昔有夏之方衰也，后羿自鉏遷於窮石，因夏民以代夏政。』」魏絳述夏訓之詞，只及『有窮后羿』四字，而悼公急欲知后羿之事，不待絳詞之畢，而即問之；而記述者亦逕據實記述之，而當時晉悼公急迫之狀如繪矣。若在後人文字，則魏絳發而未畢之詞及悼公之問，必加刪節矣。又，襄二十五年傳云：「丁丑，崔杼立而相之，慶封爲左相，盟國人於太宮曰：『所不與崔、慶者』——」晏子仰天嘆曰：『嬰所不唯忠於君、利社稷者是與，有如上帝！』乃歃。」此亦崔、慶之語未畢，而晏子插言。故杜注云：「盟書云：『所不與崔、慶者有如上帝。』——讀書未終，晏子抄答易其辭，因自歃，」是也。蓋此時與公與私，晏子大節所在，不容猶豫，故不及待崔、慶詞之畢而急遽言之；記述者據情寫出，而晏子犯難忠國之情躍然如見矣。

國策楚策：「蘇秦之楚，三日乃得見乎王。談卒，辭而行。楚王曰：『寡人聞先生若聞

古人，今先生乃不遠千里而臨寡人，曾不肯留，願聞其說！』對曰：『楚國之食貴於玉，薪

貴於桂，謁者難得見如鬼，王難得見如天帝；今令臣食玉炊桂，因鬼見帝』——王曰：『先

生就舍，寡人聞命矣！』」此文「因鬼見帝」之下，似尚當有結束之詞，乃楚王聞言慚愧，

不待蘇秦之詞畢，而卽出言以止之。若在後人，必爲足成數語，而當時楚王慚赧之情不可得

而見矣。

史記項羽本紀記鴻門之宴一段云：「沛公至鴻門，謝曰：『今者有小人之言，令將軍與

臣有郤』——項王曰：『此沛公左司馬曹無傷言之，不然，籍何以至此？』」按：高祖此來，

本爲陳謝而來，「今者云云」兩言以下，似尚當有辨解之語，而無之者；蓋以項王聞言，亦

自欲疏解，故高祖不得盡其辭耳。

荀子堯問篇云：「魏武侯謀事而當，羣臣莫能逮，退朝而有喜色。吳起進曰：『亦嘗有

以楚莊王之語聞於左右者乎？楚莊王謀事而當，羣臣莫逮，退朝而有憂色。楚莊王以憂，而

君以喜』——武侯逡巡再拜曰：『天使夫子振寡人之過也。』」「楚莊王以憂，而君以喜，」

吳起之詞，本尚未終，武侯聞言慚赧，故不及待起詞之畢而遽有言，此正與前述國策楚王對

蘇秦同一事例。吳子圖國篇記述此事云：「此楚莊王之所憂而君悅之，臣竊懼矣。」補足一語，當時武侯慚愧不自安之狀便無由想見，斯於文為拙矣。

三國志吳志魯肅傳云：「肅因責數羽曰：『國家區區，本以土地借卿家者，卿家軍敗遠來，無以為資故也。今已得益州，既無奉還之意；但求三郡，又不從命』——語未究竟，坐有一人曰：『夫土地者，惟德所在耳！何常之有？』」韓文公進學解云：「言未既，有笑於列者曰」，本此。

按：此文敍「語未究竟」一語，則已變古人此種記言之法矣。

六　據古人當時語氣直述例

古人文字質直，雖陳辭未盡，而亦肯古人當時對答之情狀而直述之，前條既言之矣。乃若古人言語之際：或以一時之情感，或以其人之特質，而語言蹇澀，訥訥然不能出諸口者，古人亦據其狀而直書之，此又可見古人文字務欲逼真之心矣。史記張蒼傳：「昌為人吃，又盛怒，曰：『臣口不能言，然臣期期知其不可；陛下欲廢太子，臣期期不奉詔。』」昌以口吃，每語重言「期期」，史公亦據其當時發言之情狀而直書之。然此文已敍明昌為人口吃於前，則重言「期期」，讀者一見自明，不至誤解。又，高祖本紀：「五年，諸侯將相共請尊

漢王爲皇帝，漢王三讓，不得已，曰：『諸君必以爲便便國家』——甲午，乃卽皇帝位氾水之

陽。」上文重言「便便」，「便國家」之下，亦本當有表示允諾之辭，而高祖謇澀未言，史

公卽亦據情述之，而高祖急於稱帝之心及其故爲推讓之狀，躍然如在目前矣。此爲余友錢玄同先

生之說。此蓋太史公效法春秋，所謂「微而顯」者所在歟？班氏作漢書，乃改曰：「諸侯幸以

爲便於天下之民則可矣，」取高祖未竟之語而補足之，當時高祖之態度，不可得而見矣。

尙書顧命篇云：「奠麗陳敎，則肄肄不違。」江氏聲云：「肄肄重言之者，病甚氣喘而

語吃也。」據此，則史公所述固古史記言之遺法也。

七　稱引傳記以忌諱而刪改例

漢書貢禹傳云：「主上時臨朝入廟，衆人不能別異，甚非其宜，然非自知奢僭也，猶魯

昭公曰，『吾何僭矣？今大夫僭諸侯，諸侯僭天子，天子過天道，其日久矣！』承衰救亂，矯

復古化，在於陛下！」樹達按：禹引魯昭公語，見昭二十五年公羊傳，大夫僭諸侯云云，亦

本傳文子家駒語。今本公羊傳云，「子家駒曰：『諸侯僭於天子，大夫僭於諸侯，久矣！』」

無「天子過天道」之文。然鄭注周禮考工記引子家駒曰：「天子僭天，」賈疏引公羊傳文爲證，

是唐時公羊傳本有「天子僭天」之語，孫志祖讀書脞錄卷二以爲今本脫去是也。公羊傳文作

「天子僭天」，禹語全本傳文，其他二句皆承用原文，而於此語則改爲「天子過天道」者，

以己對天子陳言有所忌諱耳。或疑公羊傳非脫文，亦是唐以後人以忌諱删去者，說亦近理。鄉先輩皮先生錫瑞春

秋通論，以有此句者爲嚴氏春秋異文，則非是，蓋先生偶失考賈疏耳。

鹽鐵論本議篇述文學語云：「傳曰，『諸侯好利則大夫鄙，大夫鄙則士貪，士貪則庶人

盜。』」樹達按：文學引傳文乃春秋公羊家成說。說苑貴德篇云：「周天子使家父求金於諸

侯，諸侯譏之。故天子好利則諸侯貪，諸侯貪則大夫鄙，大夫鄙則庶人盜。」桓十五年公羊

傳何注云：「王者不當求，求則諸侯貪，大夫鄙，士庶盜竊，」與文學引傳語略同。然說苑

舉「天子」，何注亦云「王者不當求」，知文學所引傳文，亦必有「天子好利」等語；且文

學所議之鹽鐵，正是天子好利之事，而文學但舉諸侯以下不及天子者，以恐觸昭帝之忌諱，

故削去不言耳。

漢書司馬遷傳云：「太史公曰：『余聞之董生：周道廢，孔子爲魯司寇，諸侯害之，大

夫壅之。孔子知時之不用，道之不行也；是非二百四十二年之中以爲天下儀表，貶諸侯，討

大夫，以達王事而已矣。』」樹達按：太史公自序作「貶天子，退諸侯，討大夫」；班用史

公原文作傳，乃節去「天子退」三字。班去史公不過二百年，史公原文之所有者，班不能不

節去。時代愈近，則忌諱愈深，亦可以知矣。

論語八佾篇云：「子曰：『夏禮，吾能言之，杞不足徵也；殷禮，吾能言之，宋不足

徵也。』」禮記中庸篇云：「子曰：『吾說夏禮，杞不足徵也；吾學殷禮，有宋存焉。』」

閣若璩四書釋地云：「論語：杞、宋並不足徵，中庸易其文曰：『有宋存。』孔子世家言『伯

魚生伋，字子思，嘗困於宋。子思作中庸。』中庸既作於宋，易其文，殆爲宋諱乎！」樹達

按：閣氏此說至確。然則避忌變文，乃孔門之家法，又在周已然，不僅漢人爾矣。閣氏此說，

俞氏書卷三已引之，但俞氏屬之「古書傳述亦有異同例」中，今以爲避諱變文之例，故仍引焉。

八　避重複而變文例

書堯典云：「日中星鳥，以殷仲春。」僞孔傳云：「鳥，南方朱鳥七宿也。」孔疏云：

「四方皆有七宿，各成一形，東方成龍形，西方成虎形，南方成鳥形，北方成龜形。此經舉

宿，爲文不類，春言星鳥，總舉七宿；夏言星火，獨指房心；盧昴惟舉一宿，文不同者，互

相通也。」近人崔適云：「此言小誤。若是，則總舉七宿四時皆可，何獨於春？自有惟宜於

春之故。蓋火爲十二次之一，若春亦舉其一次，乃爲鶉火，與三方之一名者不同；盧昴皆七

星之中，若春亦舉中星，當曰『日中星星』，二字同文，又與三時星名不類，故曰『星鳥』，

此見古人修辭之誠。」〈史記探源卷二。〉樹達按：崔氏之言極精確。鄭注云：

又注下文星火云：「星火，大火之屬。」又注下文星盧、星昴云：「盧，玄武中盧宿也；昴，

白虎中宿也。」以鄭注文例推之，星火與星鳥同舉次名，與盧昴言中宿者異，則星火自非謂

蒼龍中宿之心星，故月令疏引鄭答孫顥云：「星火非謂心星，」其明證也。按大火之次，

星，故孔氏正義謂夏言星火，獨指房心也。崔氏云，「火爲十二次之一」正與鄭義相合。〈僞孔傳云：火蒼龍之中

既可省稱星火，鶉火則亦可省稱；然若省火稱鶉，乃與鶉首、鶉尾相混；省鶉稱火，又與大

火之星火複重。然則尙書星鳥之文，不惟以避二字之複疊，不稱星火；又以避仲夏星火之

文，不稱星火。眞可見古人屬文時慘淡經營之功矣。

太史公報任少卿書云：「蓋西伯拘而演周易；仲尼戹而作春秋；屈原放逐，乃賦離騷；

左丘失明，厥有國語。」鄉先輩王先生理安云：「左丘明作春秋內外傳，茲舉國語，避上春

秋字。」

史記蔡澤傳云：「如是而不退，則商君、白公、吳起、大夫種是也。」按上文言白起，

此變言白公者，李笠史記訂補卷一云，「以下文有吳起，避起字複耳。」又，樊噲傳云：「下

郿、槐里、柳中、咸陽，灌廢丘最。」索隱云：「廢丘，即槐里，上文總言所攻陷之邑，別言

以水灌廢丘，其功特最也。初言槐里，稱其新名；後言功最，是重舉，不欲再見其文，故因

舊稱廢丘也。」

漢書昭帝紀云：「夏旱大雩，不得舉火。」王先謙云：「五行志云『大旱』：此無『大』

字，避下複文。」黥布傳云：「前年殺彭越，往年殺韓信。」張晏曰：「往年與前年，同耳，

文相避也。」又翟方進傳云：「兄宣，靜言令色，外巧內嫉。」王念孫讀書雜志，謂「靜言」

即「巧言」是也。樹達按：此用論語「巧言令色」之文，變「巧」言「靜」者，以避下文「巧」

字故耳。

魏志陳思王植傳云：「臣聞明主使臣，不履有罪，故奔北敗軍之將用，秦、魯以成其

功；絕纓盜馬之臣赦，楚、趙以濟其難。」裴松之注云：「秦穆公有赦盜馬事，趙則未聞，

蓋以秦亦趙姓，故互文以避上秦字也。」

藝文類聚引曹植賢明頌云：「於鑠姜后，光配周宣，非義不動，非禮不言。」樹達按：

列女傳賢明篇周宣姜后傳云：「事非禮不言，行非禮不動。」頌云：「由禮動作，臣配周宣。」

「匡」字當依曹頌作「光」，此後人誤以「光」爲宋人諱匡之代字而回改致訛者。此植頌所本。然傳云「非禮不言，非禮不動，」而植頌則云「非義不動，非禮不言」者，蓋傳文質樸，不避重言；植作頌贊，欲求文美，故改一禮字作義，以避複耳。

九　以後稱前例

漢書司馬遷傳云：「惠、襄之閒，司馬氏適晉，晉中軍隨會奔魏。」齊召南曰：「隨會奔秦時，未爲中軍將也，史文以後官冠其名。」

淮南子云：「夏桀、殷紂之盛也，人跡所至，舟車所通，莫不爲郡縣。」此以秦、漢之制，追述夏、殷之事也。畢沅不知此，乃以取證山海經，謂夏時卽有郡縣之制，可謂誣矣。

史記呂后本紀云：「齊內史士說王曰，『太后獨有孝惠與魯元公主。』」崔適云：「孝惠、魯元，皆諡也。若當時語，止當曰：『太后獨有帝與公主爾。』」史記探源卷三。

又，張耳陳餘列傳記趙相貫高、趙午等說張敖語云：「今王事高祖甚恭，而高祖無禮，請爲王殺之。」時高祖尚在，而文稱高祖，亦史公之追稱也。孟堅撰漢書，改「高祖」爲「皇帝」，則適合貫高等當時之語氣矣。

隱四年公羊傳云：「公子翬謂桓公曰：『吾爲子口隱矣。』」時隱公固在也。史記田齊

世家載齊人歌云：「嫗乎采芑，歸乎田成子。」時田成子亦在也。而皆以謚稱，亦追稱也。

漢書高祖紀云：「漢王怨羽之背約，欲攻之，丞相蕭何諫，乃止。」服虔云：「稱丞相

者，錄事追言之。」

又，景帝紀中二年云：「令諸侯王薨，列侯初封及之國，大鴻臚奏謚誄策；列侯薨及諸侯

太傅初除之官，大行奏謚誄策。」顏注云：「據此，則景帝已改典客爲大鴻臚，改行人爲大行

矣。而百官公卿表乃云：『景帝中六年，更名典客爲大行令。武帝太初元年，更名大行令爲

大鴻臚，行人爲大行令。』當是表誤。」劉攽云：「此即武帝時官記景帝世事，班氏采自他

書，失於改革耳。」按：劉說是也。

又，匈奴傳云：「臣知父呼韓邪單于蒙無量之恩。」樹達按：單于本名囊知牙斯，後以

王莽奏令中國不得有二名，因使使風單于，故囊知牙斯改名爲知，事在此事之後；而此文即稱

臣知者，顧炎武以爲「作史者從其後更名錄之」，是也。

又，閩粵傳云：「漢五年，復立無諸爲閩粵王，王閩中故地，都冶。」何焯曰：「案朱

育傳，漢滅東粵以爲冶，冶之爲縣在國滅之後；又其民盡徙，故領於會稽之東部都尉史，因

後日之名書之。」

十　韻文不避複韻例

古人韻文不避複韻。如詩終風云:「終風且霾,惠然肯來,莫往莫來,悠悠我思。」以
霾、來、來、思爲韻,「來」字二見。簡兮云:「山有榛,隰有苓,云誰之思,西方美人。
彼美人兮,西方之人兮。」以榛、苓、人、人、人爲韻,「人」字三見。

淮南子時則訓云:「規之爲度也,轉而不復,員而不垸;優而不縱,廣大以寬。感動有
理,發通有紀;優優簡簡,百怨不起;規度不失,生氣乃理。」上四句以垸、寬爲韻,下六
句以理、紀、起、理爲韻,「理」字再見。或疑下「理」字,乃唐人諱「治」改爲「理」字。
然此上文論準云:「準平而不失,萬物皆平;民無險謀,怨惡不生;是故上帝以爲物平。」
凡五句,以平、生、平爲韻,「平」字亦再見。「治」字雖亦合韻,然此「理」字非必出「治」
字改也,蓋古人自有複韻耳。

漢書賈誼傳載誼服鳥賦云:「其生兮若浮,其死兮若休,澹乎若深淵之靚,氾乎若不繫
之舟,不以生故,自保養空而浮。」以浮、休、舟、浮爲韻,「浮」字再見。史記下「浮」

字作「游」，然顏注引服虔曰：「道家養空虛，若浮舟也。」是服所見本，本作「浮」字矣。

又武五子傳云：「華容夫人起舞曰：『髮紛紛兮寘渠，骨籍籍兮亡居，母求死子兮妻求死夫，裴回兩渠閒兮君子獨安居。』」以渠、居、夫、居爲韻，「居」字再見。又，外戚傳載班倢伃賦云：「悲晨婦之作戒兮，哀襄閣之爲郵。」下文又云：「猶被覆載之厚德兮，不廢捐於罪郵。」「郵」字再見。此皆取則葩經，不避複韻。若以後人作詞賦之法繩之，則僇矣。日知錄卷二十一論詩卷中有古人不忌重韻條，可參閱。

十一　一事互存二說以徵實例

俞氏書卷一云：「古人之文，有參互以見義者。禮記文王世子篇：『諸父守貴宮貴室，諸子諸孫守下宮下室。』又云：『諸父諸兄守貴室，子弟守下室，而讓道達矣。』鄭注曰：『上言父子孫，此言兄弟，互相備也』又，雜記上篇：『有三年之練冠，則以大功之麻易之。』鄭注曰：『言練冠易麻，互言之也。』疏曰：『麻謂経帶，大功言経帶，明三年練亦有経帶；三年練云冠，明大功亦有冠；是大功冠與経帶易三年冠及経帶，故云互言之。』

樹達按：俞氏舉此爲參互見義之例，是也。　然文王世子之文，同在一篇，其爲互備，義甚顯明；雜記篇之例及其他所舉諸例，皆以此文所舉，備彼文所不言，（按俞氏此條頗與其書卷二舉此以）見彼例混淆。固絕無矛盾於其閒也。乃若舉一名而前後互異，說一事而彼此差違，又不同在一簡，令讀者往往疑其自相矛盾而實非矛盾，則亦讀古書者所不可不知也。

漢書宣帝紀云：「封賀所子弟子侍中中郎將彭祖爲陽都侯。」鄉先輩周壽昌云：「安世傳內封關內侯彭祖，無中郎將三字，此無關內侯三字，所謂互文以徵實也。」又云：「使女徒復作，淮陽趙徵卿，渭城胡組，更乳養。」顏注云：「趙徵卿，邴吉傳云郭徵卿，紀傳不同，未知孰是。」周壽昌云：「此復作女徒，或舉夫家之姓，亦所謂互文以見義者也。按：如周說，女子或稱母家之姓，或舉夫家之姓，或傳其家姓，或傳其夫姓，故紀傳有異同也。」樹達按：漢書項籍傳云：「梁已破東阿下軍，遂追秦軍，數使使趣齊兵俱西。榮曰：『楚殺田假，趙殺田角、田閒，乃發兵。』梁曰：『田假與國之王，窮來歸我，不忍殺。』」宋祁曰：「田假與國之王，又在田儋傳，作懷王語。」劉奉世校田儋傳，又云：『謂田假與國之王』者，項梁之語也。見羽傳中。」樹達按：項梁臣於懷王，田儋傳作懷王語者，據其名也；項羽傳作項梁語者，紀其實也。此正史家互文以徵實之例，宋、劉皆不知之。同傳又云：「榮自立爲齊王，予彭越將軍印，令反梁地，越乃擊殺濟北王田安。」何焯云：「田儋傳，榮還攻殺安，

與異姓諸侯王表同，此云越殺，誤也。」樹達按：此時越旣屬榮，則越殺卽榮殺也。田儋傳及

諸侯王表據其名，故云榮殺；此傳紀其實，則云越殺；古史之所以簡而賅者，由其史法之

善，此例其一也。然善讀書如何義門，亦且以爲誤文矣。趙翼謂田儋傳與項羽紀不同，爲史記自相岐互，

誤與何同。　朱一新漢書管見說與余同。

漢書高后紀云：「立孝惠後宮子強爲淮陽王，不疑爲恆山王，弘爲襄城侯，朝爲軹侯，

武爲壺關侯。」檢表，強、不疑、不列於諸侯王表，而列於異姓諸侯王表，且稱爲高后所詐

立；孝惠子弘、朝、武三侯，不列於王子侯表，而列於外戚恩澤侯表。又，高后紀末，於弘、

朝、武之誅也，亦記其以非孝惠子誅，此亦所謂互文以徵實者也。蓋高后紀前文所書，據呂

后當時詔令之文也；表所記，則紀其實也。　周壽昌不知此，乃云「強、不疑以早死故，不列

於諸侯王表，」可謂疎矣。

卷二

十二　誤解問答之辭例

詩召南采蘩一章云：「于以采蘩？于沼于沚。于以用之？公侯之事。」二章云：「于以采蘩？于澗之中。于以用之？公侯之宮。」又采蘋一章云：「于以采蘋？南澗之濱。于以采藻？于彼行潦。」二章云：「于以盛之？維筐及筥。于以湘之？維錡及釜。」三章云：「于以奠之？宗室牖下。誰其尸之？有齊季女。」邶風擊鼓三章云：「爰居爰處，爰喪其馬。于以求之？于林之下。」采蘩毛傳云：「于，於也。」不釋「以」字。樹達按：「以」假爲「台」，何也。書湯誓：「夏罪其如台。」史記殷本紀作「有罪其奈何」。高宗肜日：「乃曰其如台。」殷本紀作「乃曰其奈何」。西伯戡黎：「今王其如台。」殷本紀作「今王其奈何」。是「台」有「何」義。說文：「台」從「目」聲，「以」爲「目」之隸變，故得假「以」爲「台」。「于以」者，「于何」也。故凡言「于以」之句，皆問詞；其下句，則皆答詞也。「于以采蘩？于沼于沚」，正與秦風終南首章云：「終南何有？有條有梅。」二章云：「終南何有？有紀有堂。」句法一律。又采蘋三章上二句，「于以奠之？宗室牖下，」與下二句「誰其尸之？有齊季女」爲對文；下二句爲一問一答，則知上二句亦爲一問一答也。自來說者不知「以」爲「台」之假字，鄭箋釋「于以」爲「往以」，陳奐則謂「于以」猶「薄言」，皆發聲語助，而詩人文從字順之文，乃不得其解矣。

余爲右說，頗有疑：「以」既訓「何」，則爲問詞，於文法不當在介字于字之下者。按：小雅白駒云：「于焉逍遙？」〔鄭箋云：今於何游息乎？〕又云：「于焉嘉客？」正月云：「于何從祿？」十月之交云：「于何不臧？」菀柳云：「于何其臻？」小旻云：「伊于胡底？」「焉」字、「何」字、「胡」字，皆問詞也，而皆次於「于」字之下，則于以之次第可以無疑矣。列子湯問篇：「吾於何逃聲哉？」按：於、于通用。易緯是類謀云：「間可倚杵于何藏？」〔左太冲蜀都賦云：「異類衆夥，于何不育？」〕任彥昇爲齊明帝讓宣城郡公表云：「四海之議，於何逃責？」漢書外戚傳云：「推誠永究，爰何不臧？」爰，亦于也。爰、于、於三字，亦皆居何字之前。

老子五十八章云：「禍兮福之所倚，福兮禍之所伏，孰知其極？其無正？正復爲奇，善復爲妖。」樹達按：「其」，猶豈也。易繫辭傳曰：「妻其可得見邪？」謂豈可得見也。書盤庚曰：「若火之燎于原，不可鄉邇，其猶可撲滅？」言豈猶可撲滅也。僖五年左傳曰：「一之謂甚，其可再乎？」言豈可再也。又十年傳曰：「欲加之罪，其無辭乎？」言豈無辭也。

「其」可用爲「豈」，故「豈」亦可用爲「其」。吳語：「大王豈辱裁之，」是也。老子七十

七章云：「是以聖人爲而不恃，功成而不處，其不欲見賢？」謂豈不欲見賢也。「其無正」

即「豈無正」，問辭也；「正復爲奇，善復爲妖」，答辭也。按「善復爲妖」上，疑脫「其無善」三

字。王弼注云：「言誰知善治之極乎？唯無可正舉，無可形名，悶悶然而天下大化，是其極

也。」則以「其無正」句與上「孰知其極」句連讀。樹達按：呂氏春秋季夏紀制樂篇云：

「故禍兮福之所倚，福兮禍之所伏，聖人所獨見，衆人焉知其極？」正用老子文。韓非子解

老篇云：「故曰禍兮福之所倚，以成其功也。」又云：「故曰福兮禍之所伏。」又云：「故

諭人曰，孰知其極？」而不及「其無正」之文。又文子微明篇云：「故曰禍兮福所倚，福兮

禍所伏，孰知其極？」亦不及「其無正」之文。則知呂不韋、韓非及撰集今本文子者，皆不

以「其無正」屬上句讀，可以證王弼之誤矣。

十三　文中有標題例

古書中有作者自標之題，其初本與正文分析者也，後經傳寫，遂致混淆，讀者不之知，

遂竟誤認爲正文矣。

此例荀子書中最多，有爲前人所巳言者，亦有爲前人所未及言者，今詳舉之。修身篇云：「扁善之度，以治氣養生，則後彭祖；以修身自名，則配堯禹；宜於時通，利以處窮，禮信是也。」「扁善之度」四字，標題也。「以治氣養生」云云，皆指以禮信而言。蓋謂以禮信治氣養生，則後彭祖；以禮信修身自名，則配堯、禹；以禮信既宜於時通，復利以處窮。於、以互文，以，亦於也。此其所以爲扁善之度也。 [王念孫讀「扁」爲「徧」是也。] 韓詩外傳卷一乃改爲「君子有辯善之度以治氣養性」云云。若謂以辯善之度治氣養性云者，則文理顛倒不可通矣。又云：「治氣養心之術。」此與下文不相屬，亦標題也。下文「血氣剛強，則柔之以調和」云云，卽治氣養心之術也。 [楊注以屬上文，非；王先謙巳駁之。] 韓詩外傳卷二改云「夫治氣養心之術」，則又誤認爲正文矣。不苟篇云：「欲惡取舍之權。」 [楊注云：「舉下事」者，謂標題也。榮辱篇云：「榮辱之大分，安危利害之常體。」此則並標兩題。故下文兩段：第一段以「是榮辱之大分也」爲結；第二段以「是安危利害之常體也」爲結。 [非相篇云：「談說之術。」亦標題也。下文「矜莊以莅之」云云，所謂談說之術也。韓詩外傳卷五改爲「夫談說之術」，則又誤認爲正文矣。又云：「士君子之所能不能爲，」 [王念孫云：「總冒下文之詞。」──即標題也。〔王校於「所能」下校增「爲」字，云當作「士君子之所能爲不能爲。」〕樹達按：上「爲」字因下「爲」字省耳，不必增也。又云：「士君子之容。」亦標題也。下文兩節，分言父兄之容與子弟之容，而以士君子之容統括之。又云：〔仲尼篇云：〕「持寵處位，終身不厭之術。」下文結云：「是持寵處位，終身不厭之術也。」又云：「求善處大重，理任大事，擅寵於萬乘之國，必無後患之術。」下文結云：「是事君者之寶而必無後患之術也。」又云：「天下之行術，」下文結以「夫是之謂天下之行術」，亦皆標題也。〔儒效篇云：〕「大儒之效。」此與下文不相屬，亦標題也。「武王崩」以下，皆言周公大儒之效之事，而以「夫是之謂大儒之效」結之。又云：「人論。」楊倞注云：「論人之善惡。」王念孫云：「『人論』二字，乃目下之詞，『論』，讀爲『倫』，類也，等也，謂人之等類，即下文所謂『衆人』、『小儒』、『大儒』也。下文又云：「人倫盡矣。」楊說失之。」樹達按：王說是也。王制篇有「王者之人」、「王者之制」、「王者之論」、「王者之法」四語。〔法字，據王念孫校增。〕皆標題也。〔楊注「王者之制」云：說王者制度也，不明言其爲標題。〕故四節之末，各以本節標題之語結之。韓詩外傳卷三載「王者之論」節，改「王者之論」爲「王者之論德也」，則誤認爲正文矣。又云：「序官。」此與下文不相屬，亦標題也。〔富國篇云：〕「足國之道。」標題也。〔楊注云：「明富國之術也，」不明言爲標題。〕

又云：「持國之難易。」亦標題也。楊注云：「論守國難易之法也，」不明言爲標題。韓詩外傳卷六采取此

節，但采下文，不采此語，獨未誤認。君道篇云：「至道大形。」此與下文不屬，亦標題也。下文結

云：「夫是之謂大形。」王先謙解至道大形云：「言至道至於大形之時，」則誤認爲正文矣。

又云：「材人」。此與下文不屬，亦標題也。又，臣道篇云：「人臣之論。」亦標題也。王氏

念孫亦讀「論」爲「倫」，訓爲「等」，故下文詳論四等之臣，復結以「是人臣之論也」一

語。又致士篇云：「衡聽、顯幽、重明、退姦、進良之術。」標題也。下文詳言其術，而結

云：「夫是之謂衡聽、顯幽、重明、退姦、進良之術。」強國篇云：「積微。」與下文不屬，

亦標題也。下文「月不勝日」，「時不勝月」，「歲不勝時」云云，皆言積微之事也。正名

篇云：「後王之成名。」與下文不屬，亦標題也。下文「刑名從商」，「爵名從周」，「文

名從禮」云云，則詳言其事也。又大略篇云：「大略。」楊注云：「舉爲標首，所以起下文」

是也。王先謙校王制篇「序官」云：「案樂論篇云：『其在序官也，曰修憲命，審誅賞，禁

淫聲，以時順修，使夷俗邪音，不敢亂雅，太師之事也。』與本文同，則『序官』是篇名。上

文『王者之人』、『王者之制』等語及各篇分段首句，類此者，疑皆篇名，應與下文離析，

經傳寫雜亂，不可考矣。」樹達按：王氏此說，所見甚卓。劉向敘錄云：「所校中孫卿書凡

三百二十二篇，以相校，除復重二百九十篇，定著三十二篇」云云，則今本篇目，本劉向所

定，非荀卿之舊；且大略篇有標題「大略」二字，亦足爲諸標題即是篇名之證。然劉向敍錄

又云：「孫卿以爲人性惡，故作性惡一篇」，則似「性惡」本是原篇名，而今本並無性惡二

字之標題，若非脱漏，亦頗可疑。仔細考之，荀子此類標題，蓋是篇中「分節之題」：如管

子書中，有「大題」，有「小題」，又有「分節之題」。例如牧民第一經言。「一經言」，

大題也；牧民，小題也。而牧民之中，又分國頌、四維、四順、士經、六親五法五小節。立政

第四經言。「四經言」，大題也；立政，小題也。立政之中，又分三本、四固、五事、首憲、

首事、省官、服制、九敗、七觀九小節。韓非子亦然，如內儲說上七術第三十。「內儲說」，

爲大題，七術爲小題；而七術篇中又分參觀、必罰、賞譽、一聽、詭使、挾智、倒言七小節

是也。而韓非書中，又有但有大題及分節之題而無小題者。如八經篇爲大題，篇中又分因情、

主道、起亂、立道、參言、聽法、類柄、主威八小節是也。荀子書蓋與韓非之八經篇相類，

有「大題」與「分節之題」而無「小題」。但管、韓「分節之題」在本文之後，而荀子分節之

題皆在本文之前爲小異。知荀本在前者，以每節之末恆以標題爲結語，故知之。韓詩外傳文亦可證。然管、韓

之書未經混亂，故今日尙條理分明；而荀子書則已混亂不可考。觀韓詩外傳已多誤認標題爲

正文，則傳寫混亂，在西漢初年已然。然由外傳之誤認，又可知此類標題實是荀子之原文，

非由讀者注記誤入正文者耳。以此事頗有關繫，故詳言之如此。吾師新會梁先生近在清華學校講演荀

子概要，亦謂「人論」「序官」皆荀子篇名。且謂今本荀子中當除去成相篇賦篇，以合藝文志荀卿賦十篇別行之舊，而以

「人論」「序官」二篇補之，以符劉向校本三十二篇之數。樹達按：先生之說，頗覺可商。班志本之七略，原有互著之

法。管子列入道家，弟子職一篇別入小學，非弟子職必別行也。此其故，章實齋校讎通義嘗詳言之。荀卿書分見二家，亦

此類耳。又荀子中標題甚多，如上所舉，已得二十四事，又不止「人論」「序官」二事也。聊識於此，以待請益。

淮南子天文訓云：「星：正月建營室，二月建奎婁，三月建胃，四月建畢，五月建東井，

六月建張，七月建翼，八月建亢，九月建房，十月建尾，十一月建牽牛，十二月建虛。星分

度：角十二，亢九，氐十五，房五，心五，尾十八，箕十一四分一，斗二十六，牽牛八，須

女十二，虛十，危十七，營室十六，東壁九，奎十六，婁十二，胃十四，昴十一，畢十六，

觜雟二，參九，東井三十三，輿鬼四，柳十五，星七，張、翼各十八，軫十七；凡二十八宿

也。星部地名：角、亢，鄭；氐、房、心，宋；尾、箕，燕；斗、牽牛，越；須女，吳；虛、

危，齊；營室、東壁，衛；奎、婁、胃、昴、畢，魏；觜雟、參，趙；東井、輿鬼，秦；

柳、七星、張，周；翼、軫，楚。」以上凡三節；星、星分度、星部地名，則各節之標題也。

十四　文中自注例

古人行文，中有自注，不善讀書者，疑其文氣不貫，而實非也。史記田叔傳敍田仁事云：

「月餘，上遷拜爲司直，數歲，坐太子事，時左丞相自將兵，令司直田仁主閉守城門，坐縱

太子，下吏誅死。」上文既云「坐太子事」，下文叉云「坐縱太子」，語意有若複沓；其實

正文乃爲「坐太子事，下吏誅死」，「時左丞相」三句乃注文，所以詳述「坐太子事」四字者也。

今用新標點法表之：則爲「數歲，坐太子事——時左丞相自將兵，令司直田仁主閉守城門，

坐縱太子——下吏誅死。」如此，讀者便可一見瞭然。愚意當時史公於此等處，必有標乙之

號，後人展轉傳寫，遂脫之耳。

又，梁孝王世家云：「自山以東，游說之士，莫不畢至。齊人羊勝公孫詭鄒陽之屬，公

孫詭多奇邪計」云云，直讀之，語氣不貫。吳汝綸遂疑齊人句有脫字，不知此句乃所以申明

上句「自山以東，游說之士莫不畢至」者。若以新標點法表之：當爲「自山以東，游說之士

莫不畢至——齊人羊勝、公孫詭、鄒陽之屬，——公孫詭多奇邪計。」斯無不貫之嫌矣。

又，封禪書云：「天下名山八，而三在蠻夷，五在中國。中國華山、首山、太室、泰山、

東萊，此五山，黃帝之所常遊，與神會。」「中國華山、首山、太室、泰山、東萊」，亦上
文「五在中國」之注文。

又史記、漢書及他處有自注之文者，今皆以新標點法表之。田單傳云：「莒人求湣王子
法章，得之太史嬓之家——嬓女憐而善遇之。」「為人灌園」，所以釋法章在
太史嬓家之故。叔孫通傳云：「於是二世令御史案諸生言反者下吏——非所宜言——諸言盜
者皆罷之。」「非所宜言」，釋言反者下吏之罪名也。項羽本紀云：「項王、項伯東鄉坐，
亞父南鄉坐——亞父者，范增也——沛公北鄉坐，張良西鄉侍。」「亞父者，范增也」二句，
所以釋亞父之為誰也。史記尉佗傳云：「乃為佗親冢，——在眞定——置守邑，歲時奉祀。」
「在眞定」所以說明親家之所在者。又，魏其武安侯傳云：「蚡言灌夫家在潁川，橫甚，民
苦之，請案之。上曰：『此丞相事，何請？』」灌夫亦持丞相陰事，——為姦利，受淮南王金與
語言——賓客居間，遂止，俱解。」「為姦利」二句，乃所以注明丞相陰事之為何事也。又，
匈奴傳云：「於是漢悉兵——多步兵三十二萬——北逐之。」「多步兵三十二萬」，所以申
明兵字者。又，東越傳云：「及諸侯畔秦，無諸搖率越歸鄱陽令吳芮——所謂鄱君者也——
從諸侯滅秦。」「所謂鄱君者也」，所以注明吳芮也。漢書項籍傳云：「於是梁乃求楚懷王

孫心——在民閒爲人牧羊——立以爲楚懷王。」「在民閒爲人牧羊」，乃注明所求得之處。又，

鮑宣傳云：「拜宣爲司隸——時哀帝改司隸校尉但爲司隸官，比司直——丞相孔光四時行園

陵」云云。「時哀帝」以下二句，所以說明本文「司隸」二字者也。又，王尊傳云：「守京兆

尹，後爲眞凡三歲，坐遇使者無禮——司隸遣假佐放奉詔書，白尊發吏捕人，放謂尊詔書所

捕宜密。尊曰：『治所公正，京兆善漏洩人事。』放曰：『所捕宜今發吏。』尊又曰：『詔書

無京兆文，不當發吏」——及長安繫者，三月閒千人以上，……尊坐免。」「司隸遣假佐放」至

「不當發吏」，所以詳說遇使者無禮之事也。凡此皆是注文，若與本文連讀，則文氣不貫。

鹽鐵論禁耕篇云：「異時鹽鐵未籠，布衣有胸邴，——胸邴吳王，皆鹽鐵初議也——人

君有吳王　人字從張敦仁校。　專山澤之饒。」讀法與上史、漢諸條同，不如此則文氣中斷。

十五　起下之詞例

文中標題，與本文本不相連者也。乃若總起下文之詞，則原與本文連屬，而後人往往有

誤其讀者，今略舉例以明之：

淮南子天文訓云：「其爲歲司也，據王引之校文。　攝提格之歲，歲早水，晚旱，稻疾，蠶不

登，菽麥昌，民食四升。」按：「其爲歲司也」之下，原有圖一。王引之校云：「司，古伺字。

太平御覽時序部十三引注曰：『伺，候也。』爲歲司者，爲歲候豐凶也。」尋繹文義，「其爲歲司也」，乃起下之詞。下文「攝提格之歲歲早水晚旱」云云，正謂候歲也；當直接此句下。作圖者誤列圖於此句之後，隔絕上下文義，遂使此句成不了之語矣。且此中間不應有圖，劉績不能是正，又移上文「帝張四維」一段於此句之下，大誤。

漢書陳湯傳云：「昔齊桓公前有尊周之功，後有滅項之罪，君子以功覆過，而爲之諱。行事：貳師將軍李廣利捐五萬之師，靡億萬之費，經四年之勞，而廑獲駿馬三十匹，雖斬宛王母鼓之首，猶不足以復費，其私罪惡甚多，孝武以爲萬里征伐，不錄其過，遂封拜兩侯三卿二千石百有餘人。」顏師古於「行事」下，置注云：「行事，謂滅項之事也。」劉攽曰：「諱行事，非辭也。諱以上爲句，行事者言已行之事，舊例成法也。漢世人作文，言行事、成事者，意皆同。」王念孫曰：「『行事』二字，乃總目下文之詞。劉屬下讀，是也。行者，往也。往事，即下文所稱李廣利、常惠、鄭吉三人之事。」漢紀改「行事」爲「近事」，「近事」亦往事也。儒林傳：「谷永疏曰：『近事：大司空朱邑，右扶風翁歸，德茂夭年，孝宣皇帝愍冊厚賜。』」「近事」二字，亦總目下文之詞，然則「行事」爲總目下文之詞明矣。通典邊防十一載此疏，亦以「行事」屬上讀，而改其文云：「君子以功覆過而爲之諱其行」，亦爲顏注所惑。又論衡一書，言「行事」者甚多，皆謂往事也。其問孔篇云：「行事：雷擊殺人，水火燒溺人，牆屋壓殺人。」「行事」二字，乃總目下文之詞，與陳湯傳之「行事」同。又云：「成事：季康子患盜，孔子對曰，『苟子之不欲，雖賞之不竊。』」「成事」二字，亦是總目下文。故劉云：「漢人言行事、成事者，意皆同」也。

漢書叔孫通傳云：「漢七年，長樂宮成，諸侯羣臣朝十月。儀：先平明，謁者治禮，引以次入殿門，廷中陳車騎，戍卒衛官設兵，張旗志，傳曰『趨』，殿下郎中俠陛，陛數百人，功臣、列侯、諸將軍、軍吏，以次陳西方，東鄉；文官丞相以下，陳東方，西鄉；大行設九賓，臚句傳，於是皇帝輦出房。」云云。顏師古於「儀」字下注云：「欲敍其下儀法，先言儀如此也。」又匈奴傳云：「匈奴法：漢使不去節，不以墨黥其面，不得入穹盧。」又云：「故約：漢常遣翁主給繒絮食物有品以和親。」按「儀」及「匈奴法」與「故約」三語，皆起下之詞。

十六　省句例

古人文中，常有省略一句者。其所以省略之故，有由於說者語急不及盡言，而記事者據其本眞以達之者；有由於執筆者因避繁而省去者。茲舉數例明之：俞氏書卷二有「語急例」，所述皆省一字之例，不及省句。

禮記檀弓上篇云：「子夏喪其子而喪其明，曾子弔之曰：『吾聞之也，朋友喪明，則哭之。』曾子哭，子夏亦哭，曰：『天乎，予之無罪也！』曾子怒曰：『商！女何無罪也？吾與女事夫子於洙泗之間，退而老於西河之上，使西河之民，疑女於夫子，爾罪一也。喪爾親，使民未有聞焉，爾罪二也。喪爾子，喪爾明，爾罪三也。而曰女何無罪與？』」按：「而曰女何無罪與」，語殊難解，故學者多以爲疑。不知「而曰」下實當有「女無罪與？」一句，文本當云：「而曰女無罪，女何無罪與？」「女無罪」者，承子夏「天乎予之無罪也」一語而言也。「女何無罪與」，則曾子詰責之詞。乃曾子以盛怒之故，急迫不及盡言，而記者亦據實記載之，曾子怒不可遏之情，乃如在目前矣。

管子立政九敗解云：「人君唯毋聽寢兵，則羣臣賓客莫敢言兵。」上下二句，文義不貫，王氏念孫乃謂「毋爲語詞，本無意義。」樹達按：王說非也。此本當云：「人君唯毋聽寢兵，則羣臣賓客莫敢言兵。」下文「人君唯毋」云云諸句，並同。毋，不也。管子言人君不聽寢兵，則亦已耳；若聽寢兵，則羣臣賓客莫敢言兵矣。乃管子原文以語急而省去一句，即善讀書如王氏者，亦不得其解。果如王說，則不唯「毋」字無義，即「唯」字亦爲贅文矣。

史記外戚世家云：「兩人所出微，不可不爲擇師傅賓客，又復效呂氏大事也。」按：文本當云：「不可不爲擇師傅賓客；不爲擇師傅賓客，又復效呂氏大事也。」避複，省去一句。

又，馮唐傳云：「上既聞廉頗、李牧爲人良，說而搏髀曰，嗟乎！吾獨不得廉頗、李牧時爲吾將，吾豈憂匈奴哉！」按文本當云：「吾獨不得於廉頗、李牧時，令頗、牧爲將，吾豈憂匈奴哉！」以語急省去。又太史公自序云：「故有國者不可以不知春秋，前有讒而弗見，後有賊而不知；爲人臣者不可以不知春秋，守經事而不知其宜，遭變事而不知其權。」兩「不可以不知春秋」句下，各當有「不知春秋」一語，以避複，故省去之。

十七　倒句例

俞氏書卷一有「倒句例」。然其所舉之例，自禮記檀弓篇「蓋殯也問於耶曼父之母」及詩桑柔篇「有空大谷」二例外，皆倒文成句之例，非倒句也，故今補之。

禮記檀弓篇云：「伯魚之母死，期而猶哭。夫子聞之曰：『誰歟哭者？』」按：此文順言之，當云：「哭者誰歟？」而云「誰歟哭者」，倒句也。

左傳閔元年云：「士蒍曰：『太子不得立矣，分之都城，而位以上卿，先爲之極，又焉得立？不如逃之，無使罪至，爲吳太伯，不亦可乎？猶有令名，與其及也。』」此文順言之，「與其及也」一句，當在「不如逃之」之上。

管子戒篇云：「中婦諸子謂宮人盍不出從乎？君將有行。」按：文本當云「君將有行，盍不出從乎？」以語急而文倒。

孟子盡心下篇云：「盆成括仕於齊，孟子曰：『死矣！盆成括。』」按：順言之，當云「盆成括死矣！」

呂氏春秋重言篇云：「少頃，東郭牙至。管子曰：『子耶，言伐莒者？』」按順文言之，當云：「言伐莒者子耶？」

淮南子齊俗訓云：「韓子聞之曰：『羣臣失禮而弗誅，是縱過也。有以也夫，平公之不霸也！』」按：此文順言之，當云：「平公之不霸也，有以也夫！」

史記魯仲連傳云：「亦太甚矣，先生之言也！」順言之，當云：「先生之言也，亦太甚矣！」又匈奴傳云：「孝文皇帝復遣宗室女公主爲單于閼氏，使宦者燕人中行說傅公主。說不欲行，漢彊使之，說曰：『必我行也，爲漢患者。』」按順言之，當云：「爲漢患者，必我行也。」又田儋傳云：「高帝曰：『嗟乎！有以也夫！起自布衣，兄弟三人更王，豈不賢乎哉？』」順言之，則「有以也夫」句，當在「起自布衣兄弟三人更王」之下。

漢書王吉傳云：「詩云：『匪風發兮，匪車揭兮，顧瞻周道，中心怛兮，』說曰：『是非古之風也發發者，是非古之車也揭揭者，蓋傷之也。』」以說者認詩文爲倒文，故以倒句說之耳。按順文言之，當云：「發發者，是非古之風也；揭揭者，是非古之車也。」

十八　兩詞分承上文例

古書中有以二詞分承上文二事者，說者往往誤解，此讀古書者所不可不知也。

漢書景帝紀：「中二年春二月，令諸侯王薨，列侯初封及之國，大鴻臚奏諡誄策；列侯薨及諸侯太傅初除之官，大行奏諡誄策。」此本謂諸侯王薨，列侯初封及之國，大鴻臚奏諡誄，列侯薨，大鴻臚奏策；列侯薨，諸侯太傅初除之官，大行奏策。以諡誄爲死者所用，策則爲初封及之國與初除之官者所用故也。錢大昕說。因詔書文簡，以謚諫、策分承上文二事。

應劭不得其解，其釋上二句，乃云：「皇帝延諸侯王賓王諸侯，皆屬大鴻臚，故其薨，奏其行

迹，賜與謚及哀策諫文也。」以策與謚諫連文，遂釋爲「哀策」，於是上文「列侯初封及之國」

爲謚文，而分承之義失矣。

又，魏豹傳云：「齊、楚遣項它、田巴，將兵隨市救魏。」顏注云：「楚遣項它，齊遣

田巴。」樹達按：上文言齊、楚，下文則先敍楚將，後敍齊將，與上相承而順序不同。又韓

王信傳云：「夫種、蠡無一罪，身死亡。」謂大夫種死而范蠡亡也。又，淮南王安傳云：「王

有孽子不害，最長，王不愛，后太子皆不以爲子兄數。」如淳曰：「后不以爲子，太子不以

爲兄秩數。」又，文帝紀云：「其廣增諸祀壇場珪幣。」此謂廣壇場，增珪幣也。「壇場」，

承上「廣」字言；「珪幣」，承上「增」字言。又，敍傳云：「鄭寬中、張禹朝夕入說尚書、

論語於金華殿中。」按寬中說尚書，禹說論語也。此類舊注有未及者，細按皆可得之。又，

高帝紀云：「掾、主吏蕭何、曹參。」顏注：「曹參爲掾，蕭何爲主吏。」樹達按上文明有「蕭

何爲主吏」之文，故顏以掾屬曹參，主吏屬蕭何。此文若改云「掾曹參，主吏蕭何」，自較

明白。而漢書則以蕭何、曹參分承上文，且又不依上文掾、主吏之序次，而置蕭何於曹參之

上，若非上有明文，則解者將不免以掾屬蕭何，主吏屬曹參矣。

漢書景帝紀云：「九月，封故楚、趙傅、相、內史前死事者四人子。」注：文穎曰，「楚

相張尚、太傅趙夷吾、趙相建德、內史王悍：──此四人各諫其王，無使反，不聽，皆殺之；

故封其子。」按如文注之說，則「傅」字承上文「楚」字，「內史」承上文「趙」字，相字則

兼承「楚、趙」二字，故置於「傅」與「內史」二詞之間，此可見古人屬辭之精密。

漢書宣帝紀：「五鳳三年，詔云：『單于關氏子孫、昆弟及呼邀累單于名王、右伊秩訾、

且渠、當戶以下，將眾五萬餘人來降。』」鎮海王氏榮商漢書補注云：「『單于關氏子孫昆

弟』，言『單于之子孫、關氏之昆弟』，非單于關氏自降也。『單于子孫』，謂屠耆單于之子

姑瞀樓頭也；（樹達按：宣紀云子孫者，因子而連言及孫也。）『關氏昆弟』，謂顓渠關氏之弟都隆奇也。

時屠耆單于兵敗自殺，故二人亡降漢，事見匈奴傳。」樹達按：王說是也。又功臣表：「信

成侯王定以匈奴、烏桓屠耆鑾單于子左大將軍率眾降。」侯，五鳳二年九月癸巳封，則單于子

不僅姑瞀樓頭一人也。

史記景帝紀：「中元年，封故御史大夫周苛孫──平爲繩侯，故御史大夫周昌子──左軍

爲安陽侯。」而漢書省其文，則云「封故御史大夫周苛、周昌孫、子爲列侯」，以「孫」字

承「周苛」，「子」字承「周昌」，亦二名分承二事之例也。

史記文帝紀：「二年九月，初與郡國守相爲銅虎符竹使符。」按郡國守相者，謂「郡守」與「國相」也，此以「守相」二字分承「郡國」二事。

漢書鼂錯傳云：「勁弩長戟，射疏及遠，則匈奴之弓弗能格也。」顏師古注云：「疏，亦闊遠也。」劉奉世曰：「長戟恐誤，或者勁弩，如今九牛大弩以槍爲矢歟？故可射疏及遠也。然戟有鉤，又不可射。」胡三省曰：「文意各有所屬：勁弩所以射疏，長戟所以及遠也。」樹達按：胡說是也。此分承之例，顏、劉不知，故說皆不憭也。

漢書循吏王成傳云：「後詔使丞相御史問郡國上計長吏守丞以政令得失。」劉攽曰：「長吏守丞，『吏』當作『史』，郡使　守丞、國使、長史、皆一物也，故總言『郡國上計長史、守丞。』後漢百官志云：『諸侯王相如太守，長史如郡丞。』」樹達按：劉說是也。「長史」，承上「國」字言；「守丞」，承上「郡」字言也。

後漢書光武十王傳贊云：「光武十子，胙土分王：沛獻尊節，楚英流放；延既怨詛，荆亦觖望；濟南陰謀，琅邪驕宕；中山臨淮，無聞夭喪。」李賢注：「中山臨淮二句云，二王早終，名聞未著也。」王氏集解引　姜宸英云：「無聞，指中山；夭喪，指臨淮也。臨淮未爲王而薨，無子，國除，故云。若中山享國五十二年，而注云二王早終，非也。」樹達按：

李賢不知分承之例，故致誤解。按原文如云「中山無闕，臨淮天喪，」實較清晰，然必合言

之者，以上文六句，每句各指一王，故變爲「合歛」，以避板滯耳。

十九　「之」「其」通用例

馬建忠云：「嘗謂孟子『親之欲其貴也，愛之欲其富也』兩句中『之』『其』兩字，皆

指象言，何以不能相易？」文通例言。樹達按：馬氏之說，就常文而言耳。其實古人文字，「之」

字可用爲「其」，「其」字亦可用爲「之」，頗無劃然之界劃，此亦初學者所易致疑，而不可

不知者也。

王氏經傳釋詞卷九云：「呂氏春秋音初篇注曰：『之，其也。』詩旄邱曰：『旄邱之葛

兮，何誕之節兮！』上『之』字，句中語助也；下『之』字則訓爲『其』。言旄邱之葛，何

疏闊其節而不相附？以喻衞之諸臣，何多日而不相救也？」禮記檀弓曰：『公再拜稽首請於尸

曰：『有臣柳莊也者，非寡人之臣，社稷之臣也，聞之死，請往！』』言聞其死也。郊特牲

曰：『天子樹瓜華，不歛藏之種也。』」言天子但樹瓜華以供食而已，不收藏其種，以與民爭

利也。昭十六年左傳曰：『斬之蓬蒿藜藋而共處之。』言斬其蓬蒿藜藋也。詩采綠曰：『之子于狩，言韔其弓；之子于釣，言綸之繩。』『之』亦其也，互文耳。故孟子公孫丑篇：『天下之民皆悅而願為之氓，』周官載師注引此『為之氓』作『為其民』。樹達按：王說是也。成十五年公羊傳曰：『為人後者為之子。』『為之子』，為其子也。故下文又曰：『為人後者為其子。』呂氏春秋仲冬紀忠廉篇云：『吳之無道也愈甚，請與王子往之國』，謂往奪其國也。又有始覽謹聽篇云：『是乃冥之昭，亂之定，毀之成，危之寧。故殷周以亡，比干以死。』謂冥其昭，亂其定，毀其成，危其寧也。又開春論愛類篇云：『惠子曰：『有人於此，必擊其愛子之頭，石可以代之。』匡章曰：『公取之代乎？其不歟？』『公取之代』，謂公取其代也。鹽鐵論刺權篇云：『傳曰，『河海潤千里，盛德及四海，』謂況之妻子乎？』謂況其妻子也。史記項羽紀云：『項王乃疑范增與漢有私，稍奪之權。』謂稍奪其權也。漢書高帝紀云：『項羽侵奪之地，謂之番君。』謂侵奪其地也。此皆以『之』字作『其』字用之例也。

王氏釋詞卷五云：『其，猶之也。書盤庚曰：『不其或稽，自怒曷瘳？』賈子大政篇曰：『故欲以刑罰慈民，辟其猶以鞭狎狗也，雖久弗親矣。欲以簡泄得士，辟其猶以弧怵鳥也，雖久弗得矣。」『其』與『之』同義，故『其』可訓爲『之』，『之』亦可訓爲『其』。」

二十　「于」作「以」義用例

劉氏淇助字辨略卷一云：「左傳宣公十二年：『其君無日不討國人，而訓之于民生之不易。』」杜注曰：『于，曰也。』按：『訓之于民生之不易，猶云訓之以民生之不易。』」樹達按：述語之詞，有直述、轉述二法：直述恆例用「曰」字；轉述則不當用「曰」字。左傳之文，乃轉述口氣，不容用「曰」字。杜注之訓，雖本爾雅釋詁，於文氣不合，非是。劉氏之說是也。

書盤庚篇云：「歷告爾百姓于朕志。」又云：「今我既羞告爾于朕志。」說者多以爲倒句：謂歷告朕志于爾百姓，羞告朕志于爾也。樹達按：尚書文義雖古，不宜顛倒若此。此二「于」字亦當訓爲「以」，謂歷告爾百姓以朕志，羞告爾以朕志也。如此則文從字順，無詰鞠不通之病矣。

「于」作「以」義用之例，尚書尚多有之。堯典，「舜讓于德，」謂舜以德讓也。盤庚上篇，「予告汝于難，若射之有志，」謂予告汝以難也。康誥篇，「殺越人于貨，」謂殺越人以

取貨也。又，「惟弔茲不于我政人得罪，」謂不以我政人得罪也。洛誥篇，「聽朕教汝于棐

民彝，」謂教汝以棐民彝也。君奭篇，「我亦不敢寧于上帝命，」言不敢以上帝命自安也。

又，「我成文王，功于不怠，」謂成文王功以不怠也。多方篇，「不克永于多享，」謂不克

永以多享也。多士篇，「凡四方小大邦喪，罔非有辭于罰，」謂罔非有辭以罰也。

前盤庚篇二例之「于」，確當訓「以」，不當釋爲倒句。古人「以」「與」二字通用，見王

氏經傳釋詞；而「于」「與」二字音同，守溫字母圖，二字皆屬「喻」母。「于」得爲「以」，猶「以」之得

爲「與」也。

史記載樂毅報燕惠王書云：「薊丘之植，植於汶篁。」索隱云：「言燕之薊丘所植，皆

植齊王汶上之竹也。」俞氏書卷一云：「此亦倒句；若順言之，當云汶篁之植植於薊丘耳。」

今按：如俞氏之說，則文字顛倒太甚，殊不合理。曾氏國藩據說文，釋「篁」爲竹田，謂汶篁

爲汶上之竹田，說亦未協。蓋樂毅此書，意在誇示己爲燕伐齊之功績。上文「齊器設於甯

臺」，「大呂陳於元英」，「故鼎反乎磨室」三句，皆指在齊之物移入於燕而言；若如曾說，

則與上文不類，非毅設言之意矣。今按：此「於」字亦當訓爲「以」，言薊丘之植，植以汶

篁耳。漢書晁錯傳云：「出則教民於應敵，」亦謂教民以應敵也。淮南子齊俗訓云：「治君

者不以君以欲，治欲者不以欲以性，治性者不於性以德，治德者不以德以道。」「於」、「以」二字互用。老子六十七章云：「夫慈以戰則勝。」韓非子解老篇引作「於戰則勝」，此又古時「於」「以」二字通用之證也。

二十一　「者」作「然」義用例

「者」為別事之詞，人人所知也；然古人恆用以表類似之義，與孟子「無若宋人然」之「然」字用法略同。前人於此未有言及者。故或致誤解，今特舉例言之。

「者」字表類似之義之見於揣擬者，如論語鄉黨篇云：「孔子於鄉黨，恂恂如也，似不能言者。」史記信陵君傳云：「於是公子立自責，似若無所容者。」馬氏文通卷三云：「此猶云，公子自責其愧悔之狀，一如無地以自容之人也。」以「人」字釋「者」字，誤。又，石奮傳云：「建為郎中令，事有可言，屏人恣言極切；至廷見如不能言者。」馬氏云：「至廷見時，其囁嚅之情一若不能言之人也。」亦誤釋「者」字為「人」字。此數句文中有「似」字、「若」字、「如」字，則言者出於揣擬甚明。然亦有無此等字者。如史記游俠傳贊云：「吾視郭解，狀貌不及中人，言語不足採者。」謂言語若不足採者也。漢書郊祀志云：「平言上曰：『闕下有寶玉氣來者。』已視之，果有獻玉杯者。

「闕下有寶玉氣來者」，謂闕下若有寶玉氣來者也。

「者」字表類似之義，故表僞飾之語常用之。如左傳僖二十五年云：「宵坎血加書僞與

子儀子邊盟者。」又成九年云：「我出師以圍許，爲將改立君者而紓晉使，晉必歸君。」又

定八年云：「陽虎僞不見冉猛者。」史記齊太公世家云：「田乞僞事高國者。」漢書韓信傳

云：「有變告信欲反，書聞，上患之，用陳平謀，僞游於雲夢者，實欲襲信。」翟義傳云：

「太夫人可歸，爲棄去宣家者以避害。」霍光傳云：「更以禹爲大司馬，小冠亡印綬，罷其右

將軍屯兵官屬，特使兩官名與光俱大司馬者」是也。史記張釋之傳云，「欲以觀其能口對響

應無窮者」此與飾僞者相近而微異。漢書匈奴傳云：「莽以其庶女陸逯任妻後安公奢，所以

尊寵之甚厚，終爲欲出兵立之者。」樹達按：此蓋謂莽陽飾爲欲出兵立之之貌，不必果有其

意也。或以爲敍述者揣擬之詞，謂莽若有此意然，說亦可通。顏師古乃云，「言爲此計意不

止，」則與原文意義差池太遠矣。

又有語屬斷定，而意存謙抑，姑爲活脫之詞者；以「者」字意表類似，故亦用之。國語

鄭語：「公曰：『周其弊乎?』對曰：『殆於必弊者。』」漢書董仲舒傳云，「今漢繼大亂之

後，若宜少損周之文，致用夏之忠者，」是也。

又有對事含疑用「者」字以表類然之義者。　如漢書韋玄成傳云，「玄成素有名聲，士大

夫多疑其欲讓爵辟兄者，」是也。

二十二　「自」作「雖」義用例

古書中「自」字有作「雖」字用者。史記秦本紀云：「夫自上聖黃帝作爲禮樂法度，身

以先之，僅以小治。」又，律書云：「兵者聖人所以討彊暴，平亂世，夷險阻，救危殆，自

含血戴角之獸，見犯則校，而況於人懷好惡喜怒之氣。」又，禮書云：「自子夏門人之高弟也，

猶云出見紛華盛麗而說，入聞夫子之道而樂，二者心戰未能自決；而況中庸以下，漸漬於失

敎，被服於成俗乎？」又，平準書云：「漢興，接秦之弊，丈夫從軍旅，老弱轉糧饟，作業劇

而財匱；自天子不能具鈞駟，而將相或乘牛車。」又：周昌傳云：「昌爲人彊力，敢直言，

自蕭、曹等皆卑下之。」又云：「且自呂后太子及大臣皆素敬憚之。」諸「自」字皆與「雖」字

義同。從來注家俱未釋「自」字之義，蓋以爲訓「從」之「自」，非也。而劉淇助字辨略

見卷四。謂此諸「自」字竝是語助，不爲義；亦誤。

此類「自」字漢書中用之者甚多。高祖紀云：「高祖不修文學，而性明達，好謀能聽，

自監門戍卒，見之如舊。」謂雖監門戍卒見之如舊也。宣帝紀贊云：「至于技巧工匠器械，自元、成間鮮能及之。」謂雖元、成世，去宣帝至近，亦不能及也。刑法志云：「今律令煩多而不約，自典文者不能分明；而欲羅元元之不逮，斯豈刑中之意哉？」謂雖典文者不能分明也。劉向傳云：「堪非獨不可於朝廷，自州里亦不可也。」謂雖州里亦不可也。賈誼傳云：「自高皇帝不能以是一歲為安，故臣知陛下之不能也。」謂雖高皇帝不能以是一歲為安也。汲黯傳云：「或說黯曰：『自天子欲令羣臣下大將軍；大將軍尊貴誠重，君不可以不拜。』」謂雖天子欲令羣臣下大將軍也。韓安國傳云：「且自三代之盛，夷狄不與正朔服色。」謂雖三代之盛，夷狄不與正朔服色也。景十三王傳贊云：「自凡人猶繫于習俗，而況哀公之倫乎？」謂雖凡人猶繫于習俗也。蘇武傳云：「自丞相黃霸、廷尉于定國、大司農朱邑、京兆尹張敬、右扶風尹翁歸及儒者夏侯勝等，皆以善終著名宣帝之世，然不得列於名臣之圖，以此知其選矣。」謂雖丞相黃霸等不得列於名臣之圖也。衛青霍去病傳贊云：「自魏其武安之厚賓客，天子常切齒。」謂雖魏其等好客，天子亦不悅也。董仲舒傳贊云：「故顏淵死，孔子曰：『噫，天喪余！』唯此一人為能當之」；自宰我、子贛、子游、子夏不與焉。」謂雖宰我等不與也。張安世傳云：「每定大政，已決，輒移病出。聞有詔令，乃驚，使吏之丞相府問焉。自朝廷大臣，莫知其與議也。」謂雖朝廷大臣，莫知其與議也。　杜周傳云：「自京師不曉，況於遠方。」

謂雖京師不曉也。又云：「自尚書近臣，皆結舌杜口。」謂雖尚書近臣皆結舌杜口也。司馬

遷傳贊云：「然自劉向、揚雄博極羣書，皆稱遷有良史之材。」謂雖向、雄之博，亦稱遷也。東

嚴助傳云：「自三代之盛，胡、越不與受正朔。」謂雖三代之盛，胡、越不與受正朔也。

方朔傳云：「自公卿在位，朔皆敖弄無所為屈。」謂雖公卿在位，朔皆敖弄之也。又云：「自

唐虞之隆，成、康之際，未足以喻當世。」言雖唐虞之隆，未足諭也。朱雲傳云：「自堯之

用舜，文王於太公，猶試然後爵之；又況朱雲者乎？」謂雖堯用舜，文王用太公，猶試然

後爵也。又梅福傳云：「自霍光之賢，不能為子孫慮。」言雖霍光之賢，不能為子孫慮也。

于定國傳云：「災咎之發，不為一端而作，自聖人推類以記，況於非聖者乎？」

言雖聖人亦推類以記也。王貢兩龔傳序云：「此四人者，當秦之世，避而入商雒深山，以待

天下之定也。自高祖聞而召之不至。」言雖高祖聞而召之，不至也。孫寶傳云：「自禁門內

樞機近臣，蒙受寃譖，虧損國家，為謗不小。」言雖禁門內之近臣，亦蒙受寃譖也。毋將隆

傳云：「大司農錢，自乘輿不以給共養。」言雖天子不以給共養也。匡衡傳云：「元帝時，

中書令石顯用事，自前相韋玄成及衡皆畏顯。」言雖玄成及衡亦畏顯也。張禹傳云：「性與

天道，自子贛之屬不得聞，何況淺見鄙儒之所言。」謂性與天道，雖子贛不得聞也。翟義傳
云：「自古大聖猶懼此，況臣莽之斗筲。」謂古大聖猶懼此也。王嘉傳云：「自貢獻宗廟
三宮，猶不至此。」謂雖貢獻宗廟三宮，猶不至此也。王莽傳云：「自黃帝、湯、武行師必
待部曲旌旗號令。」謂雖黃帝等行師，必待部曲旌旗號令也。敍傳云：「族以選受詔進讀羣
書。上器其能，賜以祕書之副，——時書不布，自東平王以叔父求太史公諸子書，大將軍白
不許。」言雖東平王以叔父求書，尚不許也。又云：「成帝性寬，進入直言，是以王音、翟
方進等繩法舉過，而劉向、杜鄴、王章、朱雲之徒肆意犯上，故自帝師安昌侯、諸舅、大將
軍兄弟及公卿大夫後宮外屬史、許之家，有貴寵者，莫不被文傷詆。」言雖帝師等，亦被詆
也。此諸「自」字注家皆無說，蓋亦以爲訓「從」之「自」矣。

鹽鐵論非鞅篇云：「李梅實多者，來年爲之衰；新穀熟者，舊穀爲之虧。自天地不能兩
盈，而況於人事乎？」又，刑德篇云：「自吏明習者不知所處，而況愚民乎？」二「自」字
亦「雖」義。

吳越春秋句踐二十一年，「吾愛士，雖吾子不能過也；及其犯誅，自吾子亦不能脫也。」
以「自」與「雖」爲對文，自爲雖義明矣。 余爲此說，後見吳昌瑩經詞衍釋，說與余同。

二十三　「所」作「意」義用例

漢書曹參傳云：「惠帝怪相國不治事，以為『豈少朕與？』迺謂窋曰：『女歸，試從容問乃父曰：「高帝新棄羣臣，帝富於春秋，君為相國，日飲無所請事，何以憂天下？」然無言吾告女也！」窋既洗沐歸，時間，自從其所諫參。」又，疏廣傳云：「廣子孫竊謂其昆弟老人——廣所愛信者——曰：『子孫幾及君時，頗立產業基阯；今日飲食費且盡，宜從丈人所勸說君買田宅。』」又，薛宣傳云：「宣心知惠不能，終不問惠以吏事。惠自知治縣不稱宣意，遣門下掾送宣至陳留，令掾進見，自從其所問宣不致戒惠吏職之意。」又匈奴傳云：「上直欲從單于求之，為有不得傷命損威，根即但以上指曉藩，令從藩所說而求之。藩至匈奴，以語次說單于。……單于曰：『此天子詔語邪？將從使者所求也？』」又云：「新室順天制作，故印隨將率所自為破壞。」魏志田疇傳云：「太祖語惇曰：『且往以情喻之！』自從君所言，無告吾意也。」」樹達按：凡云「從其所」者，皆謂「由其意」也。「從」者，「由」也；「所」者，「意」也。後漢書列女傳廣漢姜詩妻傳云：「妻遂寄止鄰舍，晝夜紡績，市珍羞，使鄰母以意自遺其姑。」句意與漢書及魏志同，而變「從其所」之文為「以意」，則知「所」

之可以訓「意」矣。疏廣傳注引鄧展云：「宜令意自從丈人所出，無泄吾言也。」「所」字無訓，非是。顏師古注曹參傳云：「自從其所，」猶言自出其意也。注薛宣傳云：「若自出其意，不云惠使之言。」以「意」訓「所」，是也。

二「出」字則疑是「由」字之誤。

漢書周亞夫傳云：「上居禁中，召亞夫賜食：獨置大胾，無切肉，又不置箸。亞夫心不平，顧謂尚席取箸；上視而笑曰：『此非不足君所乎？』」孟康曰：「設胾無箸者，此非不足滿於君所乎？嫌恨之也。」如淳曰：「非故不足君之食具，偶失之也。」師古曰：「孟說近之，帝言賜君食而不設箸，此豈不由我意，於君有不足乎？」浙本如此，汲古閣本無「豈不」二字，非。樹達按：諸說皆非也。此文「此」字，指亞夫顧尚席取箸之事而言；「所」者，意也；「不足君所」者，於君意有不足也。景帝意謂「君顧尚席取箸者，非君意不足之所為乎？」故下文云，「此鞅鞅非少主臣也。」孟、顏云，此非由我意，於君有不足乎？情事未合；豈有不滿於人而自告之者乎？文選五十四陸機五等論注引楚漢春秋下蔡亭長罵淮南王黥布語云：「封汝爵為千乘，東南盡日所出，尚未足黥徒羣盜所邪？而反何也？」言如此豈猶未足汝黥徒之意而必反也？與周勃傳句例正同。

襄三十年左傳云：「人謂子產就直助彊，子產曰：『豈為我徒？國之禍難，誰知所敝？

或主彊直，難乃不生，姑成吾所。」」王引之云：「乃，寧也。言禍難未知所敝，雖或主彊直之人，寧不生難乎？」按此「所」字亦當訓「意」，「姑成吾所」者，姑成吾意也。經傳釋詞卷六。

漢書佞幸董賢傳云：「上有酒所，從容視賢笑曰：『吾欲法堯禪舜何如？』」師古曰：「言酒在體中。」非是。王先謙補注據疏廣薛宣傳注釋「酒所」爲「酒意」，是也。

二十四　兩名錯舉例

漢書劉向傳云：「然公卿大臣絳、灌之屬，咸介冑武夫，莫以爲意。」錢大昭漢書辨疑云：「李善注文選，謂絳灌是一人，非絳侯與灌嬰。案孝惠世，周勃、灌嬰俱在，而一取封地，一取氏族，不相倫類，故李氏疑非二人，蓋據楚漢春秋謂高祖之臣，別有絳灌；然史傳中無此人。且賈誼傳已云『樊、酈、絳、灌』樊指噲，酈指商，絳指周勃，灌指灌嬰。又，陳平傳云：『絳、灌等或讒平。』樊噲傳云：『羣臣絳、灌等莫敢入。』外戚傳：『絳侯、灌將軍等曰：「吾屬不死，命乃且縣此兩人。」』蓋各舉其姓，則周有周昌、周竈之不同；各舉其封地，嬰又封潁陰，兩字不可單稱，故當時有此『絳灌』之目。」樹達按：錢氏之說，剖

析至精，此可知古人屬辭之不苟，非漫爲參錯也。李善不知稱名本有參錯之例，遽信後人僞

撰之楚漢春秋，疎矣。

漢書他篇中兩名錯舉之例尚多。鄒陽傳云：「六齊望於惠后。」孟康注謂惠帝與呂后。

霍去病傳云：「票騎將軍去病率師躬將所獲葷、允之士。」服虔曰：「堯時曰熏鬻，周曰獫

狁，秦曰匈奴。」王先謙云：「葷」同「熏」，「允」同「狁」，取熏鬻獫狁併稱之。杜欽

傳云：「覽宗、宣之饗國。」韋昭注：「宗，殷高宗也；宣，周宣王也。」徐福傳云：「出

爵不待廉茂。」梁玉繩云，「孝廉茂材，稱廉茂。」此皆錯舉之例也。

漢書徐樂傳載樂上書云：「名何必夏、子，俗何必成、康？」服虔曰：「夏，禹也；

子，湯也，子姓。」樹達按：並舉國號，則當云「夏、商」；並舉姓，則當云「姒、

子」。今一舉國號，一舉其姓，以與「成、康」對文，亦可謂參錯極矣。史通稱司馬長卿爲馬卿，

伯夷、叔齊通稱夷、齊，而風俗通正失篇云：「袁、彭清擬夷叔，政則冉、季。」冉、

季謂冉有、季路，夷、叔則謂伯夷、叔齊也。魏志王昶傳載昶戒子書云：「若夫山林之士，

夷、叔之倫，甘長饑於首陽，安赴火於緜山。」亦以夷、叔爲稱。伊尹、周公通稱伊、周，

亦殊錯落。

而後漢書崔琦傳云：「今將軍累世台輔，任齊伊、公。」伊、公，李賢注謂伊尹、周公。古

人行文參錯，不尚整齊如此。清擬夷、叔，任齊伊、公，可謂巧對。

馬融長笛賦云：「彭、胥伯奇，哀、姜孝己。」彭、胥謂彭咸、伍子胥也。潘岳夏侯常

侍誄云：「子之承親，孝齊閔、參。」閔、參謂閔子騫、曾參也。江淹別賦云：「雖淵、雲之

墨妙，嚴、樂之筆精。」嚴、樂謂嚴安、徐樂也。皆兩名連舉：一稱其姓，一稱其名或字，

參錯不齊。

二十五　以母名子例

俞氏書卷三稱謂例，歷舉以父名子、以夫名妻、以父名女、以母名女、以子名母諸例，

而獨不及以母名子之例，故今補之。

漢臨江王榮為栗姬之子，故稱栗太子；戾太子母衛氏，稱衛太子：此皆以母名子之例

也。

二十六　祖孫同號例

古書中往往有一名或稱其祖或稱其孫者，此讀者所最易致惑者也，今特舉例言之。

國語晉語四云：「昔少典取於有蟜氏，生黃帝、炎帝。」韋昭云：「神農，三皇也，在黃帝前；黃帝滅炎帝，滅其子孫耳，明非神農可知也。」史記五帝本紀云：「以與炎帝戰於阪泉之野，然後得其志。」正義云：「謂黃帝克炎帝之後。」正義即本韋昭之說。據此神農稱炎帝，其後世亦稱炎帝，故封禪書索隱引鄧展云，「神農後子孫亦稱炎帝，」是也。

按：正義即本韋昭之說。據此神農稱炎帝，其後世亦稱炎帝，故封禪書索隱引鄧展云，「神農後子孫亦稱炎帝，」是也。

易泰六五云：「帝乙歸妹，以祉元吉。」後漢書荀爽傳引此文而釋之云：「婦人謂嫁曰歸。言湯以娶禮歸其妹於諸侯也。」則此帝乙謂湯也。書酒誥云：「自成湯咸至於帝乙，成王畏相，惟御事厥棐有恭，不敢自暇自逸。」此帝乙或以為紂父，檀弓疏云：「先儒注皆以為紂父，王畏相，」云云相合。若是紂父之帝乙，則史稱「帝乙立，殷益衰」，明非令主，書文不當稱之。故白虎通姓名篇云：「易曰『帝乙』，謂成湯；書曰『帝乙』，謂六代孫也。」此酒誥帝乙為祖乙之明證，則此帝乙謂祖乙也。左傳哀公九年云：「微子啓，帝乙之元子也。」史記殷本紀云：「帝乙長子曰微子啓，少子辛，」則此帝乙又謂紂父也。同一「帝乙」之名，

或以為湯六世之孫祖乙。考史記云：「帝祖乙立，殷復興，巫賢任職。」與書「成王畏相」云云相合。

江聲主其說。

始祖之成湯用之，六世孫之祖乙用之，十六世孫之紂父復用之，學者焉得而不迷亂哉！

史記秦本紀云：「寧公遣兵伐蕩社，三年，與亳戰，亳王奔戎，遂滅蕩社。」集解引徐廣曰：「蕩，音湯。」又引皇甫謐曰：「亳王號湯，西夷之國也。」索隱云：「西戎之君號曰亳王，蓋成湯之胤，其邑曰蕩社。」按：據此，亳王爲成湯之胤，亦號曰湯，亦孫用祖號也。

左傳僖五年云：「太伯、虞仲，太王之昭也。」杜注云：「太伯、虞仲，皆太王之子。」是仲雍稱仲也。史記吳太伯世家云：「乃封周章弟於周之北故夏虛，是爲虞仲。」索隱云：「仲雍稱虞仲，今周章之弟亦稱虞仲，所以祖與孫同號。」樹達按：吳太伯世家云：「仲雍卒，子季簡立；季簡卒，子叔達立；叔達卒，子周章立。」然則周章弟之虞仲，實仲雍之曾孫，而亦稱虞仲，是與其曾祖同號也。

史記秦本紀云：「公伯立三年，卒，生秦仲。秦仲立，周宣王即位，乃以秦仲爲大夫，誅西戎，西戎殺秦仲。秦仲立二十三年，死於戎。」毛詩序云：「車鄰，美秦仲也。秦仲始大，有車馬禮樂侍御之好焉。」此秦之祖名秦仲者也。封禪書云：「南山巫祠南山秦中。秦中者，二世皇帝。」按「中」與「仲」同，此秦之孫名秦仲者也。

史記項羽紀云：「乃求楚懷王孫心，立以爲楚懷王，從民所望也〕」樹達按：「懷」本諡號，以諡名生存之人，固爲不經；然以孫而襲祖號，乃振古如茲，非當時創舉也。

二十七　記言省曰字例

凡記言用「曰」，此通例也；然古書中多有不用「曰」字者。如史記張釋之傳云：「王

生老人曰：『吾韈解！』顧謂張廷尉『爲我結韈！』」「顧謂張廷尉」下省「曰」字。漢書

高祖紀云：「拔滎陽城，生得周苛。羽謂苛：『爲我將！以公爲上將軍。』」「羽謂苛」下當

有「曰」字，而省去。按史記項羽本紀作「項王謂周苛曰」，「曰」字不省。惟此二例句中

皆有「謂」字，雖省「曰」字，讀者尚不至誤解耳。

史記留侯世家云：「劉敬說高帝曰，『都關中，』上疑之。左右大臣皆山東人，多勸上

都雒陽，『雒陽東有成皋，西有殽、黽，倍河，向伊、雒，其固亦足恃。』」按「雒陽東有成

皋」四語上無「曰」字，初若史家記事之詞；然細按之，實是左右大臣勸都雒陽之語。下文

留侯曰：「雒陽雖有此固，其中小，不過數百里；田地薄，四面受敵，非用武之國也。」正是

駁難左右大臣之詞，可以證矣。史記屈原傳云：「懷王稚子子蘭勸王行，『奈何絕秦歡？』」

「奈何絕秦歡」，子蘭勸王之語也，上亦省「曰」字。又灌嬰傳云：「漢王乃擇軍中可爲車騎

將者，皆推舉故秦騎士重泉人李必、駱甲習騎兵：『今爲校尉，可爲騎將。』」按「今爲校尉」二語，乃推舉者之詞，亦省去「曰」字。

漢書周亞夫傳云：「亞夫爲河內守時，許負相之：『君後三歲而侯，侯八歲爲將相，持國秉，貴重矣，於人臣無二。後九年而餓死。』」按「君後三歲而侯」以下，許負相亞夫之語也。史記周勃世家有「曰」字，而班省去之。

二十八　大夫稱人例

論語八佾篇云：「子入大廟，每事問。或曰：『孰謂鄹人之子知禮乎？入大廟，每事問。』」集解：「孔安國曰：『鄹，孔子父叔梁紇所治邑也。』」左傳襄公十年云：「縣門發，郰人紇抉之以出門者。」杜注云：「紇，郰邑大夫，仲尼父叔梁紇也。」孔疏云：「紇爲郰邑大夫，公邑大夫皆以邑名冠之，呼爲某人。」左傳昭公九年云：「周甘人與晉閻嘉爭閻田。」杜注云：「甘人，甘大夫襄也。」孔疏云：「孔子父叔梁紇爲郰邑之長，論語稱孔子爲郰人之子，是典邑大夫，法當以邑冠之而稱人，知此甘人卽是下文甘大夫襄也。」又，昭公二十年云：「王召奮揚，奮揚使城父人執己以至。」孔疏云：「服虔云：『城父人，城父大夫也。』」又，昭公二十一年云：「廚人濮曰：『軍志有之曰：「先人有奪人之心。」』」

杜注云：「濮，宋廚邑大夫。」按諸例，在後世文字，必稱甘大夫、城父大夫、廚大夫者，

而文皆稱爲人，此古今文法之殊異，最易使人疑惑者也。

上舉諸例，稱鄅人，稱甘人，稱城父人，或兼舉大夫之名，如鄅人紿，廚人濮是也。亦

有兼舉邑名及大夫之名而不言人者。左傳定四年云：「武城黑謂子常曰：『吳用木也，我用

革也，不可久也，不如速戰。』」杜注云：「黑，武城大夫。」又定十年云：「初，衞侯伐

邯鄲午於寒氏。」杜注云：「午，晉邯鄲大夫。」是其例也。依鄅人紿、廚人濮之例，此二

文當云武城人黑、邯鄲人午，而皆省去「人」字也。

古書疑義舉例校錄

古書疑義舉例校錄目錄

古書疑義舉例校錄

杭縣　馬敍倫

德清先生古書疑義舉例，發蒙百代，梯梁來學，固縣之日月而不刊者也。諷籀所及，小有懷陳，爰記札岢，以待商兌，敢方著糞，非比續貂，茲從迻錄，付之梓人。一九一八年六月敍倫謹識。

一　上下文異字同義例

第五條　是「道」與「首」字通。謹案說文：「道，所行道也。從辵首。」段玉裁云：「首者，行所達也。首亦聲。」王筠、苗夔並同。嚴可均云，「當作首聲」是也。故周書、荀子並省作「首」字。

第七條　案「後」與「厚」同義。謹案黃生云：「后從石從一，疑即古文『厚』字。石者土之屬，物莫厚於土，『一』，指其事也，故天曰皇天，地曰后土，皆尊大之詞。」其說是也。說文：「厚，山陵之厚也。從厂㫗聲。」（段玉裁云：「㫗亦聲。」然段云：「㫗當訓簹，」則與山陵義無關，但取㫗聲。）爲後起形聲字。厚從后土，后猶石也。又部：「反，古

文作反，」知戶卽古文「厂」，尚書，「擊石，」唐寫本經典釋文曰：「石古作后。」此后

卽古文「石」之證。墨子非攻篇曰：「則是鬼神之喪其主后。」洪頤煊謂：「后當爲石，主

石卽主祐。」不悟墨子多存古文，后卽古文「石」字也。石部：「磬，古文作硜。」右旁卽

后字，（汪刻小徐本無此文，祁刻作硜同，韵會引大徐本作「硜」，尋說文古文「坙」作「巠」，

則古文「磬」當作「硜」，惟大徐誤從爪，則似從坙矣。磬從石，硜從后者，如迹或從足

畫作蹟之例，許書甚多。）明后卽石矣。說文后字下解語極迂回。又后部所屬，僅一「呴」

字。「呴」訓厚，怒也。明取義於厚薄，不取義於君后也。若是君怒爲呴，古無其徵。「后石」

一字，假借爲厚薄之偁；因爲帝后之義所專，乃作「從后（卽古文石字）從土」之「厚」。

石在土上爲「厚」，於六書爲會意。（段謂后聲，由不明后乃古文石字。）及形聲之「厚」

作而「屋」廢，更無知「后」爲「厚」初文矣。后、厚既是一字，古多借「后」爲「後」，

則「後」亦可借爲「厚」。莊子列御寇注：「靜而怯乃厚其身耳。」釋文：「厚本作後，」

亦借「後」爲「厚」也。

二　上下文同字異義例

第一條　玉藻：「既搢必盥，雖有執於朝，弗有盥矣。」上「有」字乃有無之「有」，下「有」字乃「又」字也。言雖有執於朝，不必又盥也。謹案：「雖」當爲「唯」，古書通用。少儀：「雖有君賜。」雜記：「雖三年之喪可也。」鄭注並曰：「雖讀或爲唯，」是其證。下「有」字借爲「爲」。晉語，「其有吉孰大焉？」春秋昭五年左傳，「有」作「爲」，莊子大宗師，「莫然有間。」音義曰：「有或作爲。」是其例。此言唯有執於朝者，弗爲盥也。

第二條　「已茲酒，惟天降命，」此二句乃倒句。謹案：「肇我民」兩句文法，與「祀茲酒」兩句同，則亦倒句也。猶言惟此元祀與民更始耳。

三　倒句例

第一條　昭十九年左傳：「諺所謂室於怒市於色者。」謹案：所舉是倒用字法，非倒句也。

第二條　與莊子在宥篇：「萬有億喪」同一句法。謹案：郭象本作「萬有餘喪」。各本同。此作「億喪」，疑字譌。又莊子原文云：「一不成而萬有餘喪矣。」郭注云：「故一身既

不成，而萬方有餘喪矣。」增身字方字解之，仍未安。此句如今語「一不成而壞萬有餘」，
則亦倒字，非倒句。

第三條　謹案：所舉皆倒字，非倒句。

第四條　漢書諸侯王表：「厥首稽首。」謹案：漢書作「厥角稽首，」此上「首」字，
是「角」字譌。（鮨作稽，疑所據本然，又注中作稽，或依注用今字也。）

第五條　謹案：所舉亦倒字，非倒句。

四　錯綜成文例

第一條　如論語：「迅雷風烈。」夏小正：「剝棗栗零。」謹案：黃式三曰：「說文：
『颲颲風雨暴疾也。』颲讀若烈，烈爲颲之借字。」黃說是也。聞之迅，故知其雷；知其風，故以
爲颲。然則此是古人文字嚴質處，非錯綜辭例。夏小正「剝棗」傳曰：「剝也者，取也。」
「栗零」傳曰：「零也者，降零而後取之，故不言剝也。」（從傳崧卿本；各本降下有
「也」字，不安，王筠論之矣。）蓋棗須就樹取之，故云剝棗。（參詩「八月剝棗」正義，
惟桂馥謂剝，說文云：「裂也。」言棗孰帶坼裂而落，有似於栗。）栗降零而後取之，故云栗

零。（王筠夏小正正義引黃叔琳曰：「東觀書曰：『栗駁蓬轉。』蓋栗房秋孰罅發，其實驚躍如爆，去根幹甚遠，所謂栗駁與。」）然則栗房多刺，古人不知開房之法，必候栗自零落，然後取之。是此亦是古人質直，就事理而立言，非故為此，若錯綜然也。

第七條　五石之與六鶂，亦錯綜以成文。夏小正：「梅杏杝桃則華緹縞。」上句先言梅杏杝桃而後言華，下句先言緹而後言縞，蓋古人之辭，往往有此。謹案：五石六鶂之辭，公羊義不可破。『緹縞』傳曰：「縞者，莎隨也。緹也者，其實也。先言緹而後言縞，何也？緹先見者也。」王聘珍謂「『實』當為『色』，聲譌也。」謂緹為縞之色也。孫星衍謂「先見色而知其物，」即是先言其緹耳。尋說文「緹帛丹黃色」，然則緹縞言丹黃莎也，猶曰黃華白華，亦非故為錯綜，以異於梅杏杝桃則華也。（孔廣森曰：「曰『則』者，盡其辭也，蓋猶曰盡華矣。」）

五　兩語似平而實側例

第四條　尋趙氏之意，謂趨由於蹶。「今夫蹶者趨者」，猶云大凡顛蹶之人，皆是趨走之人。謹案：趨由於蹶，疑「趨蹶」兩字互譌。「趨」，說文：「走也。」經傳多用為疾走

之義。「蹶」，說文：「僵也。」是僵仆乃由疾走之故。然孟子意，乃謂蹶者趨者，皆動其
心，譣之躬行而可知也。蹶者在上，正舉其重。趙注不解趨字，但解蹶字，「今夫行而蹶者，
氣閉不能自持，」亦說蹶者也。似此詞實平列，非前舉數端同例。

六　兩句似異而實同例

第四條　趙注：「豫亦遊也。」案：「不遊不豫，」變文以成辭而無異義。又案：「亡」
當讀爲「芒」，趙氏不知「亡」爲「芒」之叚字，故解亡字曰：「若殷紂以酒喪國也。」謹
案易繫辭：「其辭游。」荀爽注：「游，豫之屬也。」尋「游」，爲旌旗之流，「豫」，象
之大者，義不相屬。蓋「游」古文作「逰」，從辵，有行義，故爲遊行。豫與游，以雙聲爲
義耳。又案：流連之義既一，荒亡之旨亦同。流連以雙聲舉義，荒亡以叠韵成辭。「荒」
借爲「亡」，書微子：「天毒降災荒殷邦。」史記宋世家「荒」作「亡」，是其例證。莊子
繕性：「雖樂未嘗不荒也。」猶「未嘗不亡」，亦「荒」借爲「亡」之證。然則趙注未誤。
（第五條引詩關雎篇，「流求」亦叠韵。）

第五條　枚傳云：「殛、竄、放、流，皆誅也。異其文，述作之體。」謹案：「流」「放」

均逐去之義。「竄」，說文：「匿也。從鼠在穴中。」竄三苗於三危，放之令自匿耳。孟子

作殺三苗者，「殺」是「殺」之省文。說文：「檼殺散之也。」然則曰「竄」，曰「殺」，

亦是放逐之義。「殛」者，說文曰：「殊也。」「殊」，死也。然左傳曰：「流四凶族，投

諸四裔。」屈原曰：「永遏在羽山，夫何三年不施。」（王注言長放鯀於羽山，絕在不毛之

地，三年不舍其罪。）鄭志答趙商曰：「鯀非誅死，鯀放居東裔山，死不得反於朝，禹乃其子

也，以有聖功，故堯興之。」尋是諸文，鯀非誅死。惟呂氏春秋行論曰：「殛之於羽山，副

之以吳刀。」然高注曰：「書云鯀乃殛死，先殛後死也。」是誘亦以殛之時，鯀未死也。蓋

「殛」乃「極」之借字，故書洪範釋文、左昭七年傳釋文，並曰：「殛本作極。」「極」者，

致也。（文選東京賦薛注）言致之羽山耳。（說文：「致，送詣也。」）又儀禮大射儀：「朱

極三。」注：「極猶放也。」則極鯀亦言放鯀矣。枚傳曰：「殛、竄、放、流，皆誅也。」

「誅」謂討治之。

　第六條　案：卓，亦約也。莊子大宗師篇郭象注曰：「卓者，獨化之謂也。」是卓有獨

義。說苑君道篇：「踔然獨立。」「踔」與「卓」同。「卓約」本疊韵字，莊子之「淖約」，

上林賦之「綽約」，並其證也。謹案說文：「卓，高也。踔，踶也。」並無獨義。獨化獨立

字皆爲稽，說文：「稽，特止也。」法言「卓約」，誠以疊韵舉義，然是以卓從約，約與多對。

至若莊子之「淖約」，上林賦之「綽約」，管子水地「淖弱以清」之「淖弱」，（文選運命論

注引「弱」作「溺」。）其爲疊韵連字同而義殊矣。

七 以一字作兩讀例

第二條　按上「白」字當重讀，如此則文義自明，亦不必疑其有闕文矣。謹案：孟子集

註曰：「異於二字，疑衍或闕文。」金履祥孟子集註考證曰：「江西儒者謂『異』字自是一

句。今案告子以『彼白而我白之』，喻『彼長而我長之』，孟子謂此二字不同，不可引以爲喻，

故曰『異』。又因謂于白馬之白，白人之白，同可謂之白；若長馬之長，與長人之長，豈可

同以爲長乎？是詆其以白喻長之爲異也，然後正問之曰：『長者義乎？長之者義乎？』則長

之之心須在內也。」王文憲曰：『只此一句分曉。』」又翟灝云：「『異於』二字絕句，蓋歟

告子之說可怪異，如論語：『異乎吾所聞也。』梁惠王篇：『王無異於百姓之以王爲愛也。』

此『異於』二字之見於本書者。『於』，亦語之句絕，則著例於爾雅釋詁。」竊謂二說非也。

趙註　「異於白馬之白也，無以異於白人之白也」云：「孟子曰：『長異於白，白馬白人，

同謂之白可也。」趙正重讀一「白」字，說解甚順，疑趙時孟子本重「白」字，如金說「異」

字絕句，固得，「於」字屬下，語氣不順，且下明有「無以異於長人之長」，句法正同，安得

一被分剝，一爲聯綴乎？如翟說「於」字當讀爲「乎」，（於、乎通用，盡心篇：「同乎流

俗，合乎汙世，」論衡引兩乎字，並作於。）如「季孫曰異哉」之例，若「於」爲發聲詞，

或歎詞絕句者，其例罕徵，況亦難解於下句乎？

八　古人行文不避繁複例

第二條　謹案：釋文云：「九家亦作冊。卽借冊爲頤。（冊　賾聲　同部。）然說文

無「賾」字，蓋「頤」字之誤。「頤」借爲「賾」，史記陳涉世家：「賾頤，涉之爲王沈沈

者！」楚人謂多爲賾，故天下傳之。賾涉爲王，由陳涉始　漢書無「頤」字，蓋「頤」聲古

讀與「賾」近，讀者旁注以釋賾音，故史記不釋「頤」字，漢書亦無「頤」字，賾通

假之證。繫辭此文，前後凡兩言「天下之頤」，「天下之動」，皆「頤」「動」對舉，此亦

宜然。鄭、虞說是也。「賾」、「惡」，歌魚叶音，「動」、「亂」，東元叶音；「賾」、

「亂」，亦歌元對轉叶音，「動」、「惡」，亦東魚旁轉叶音。

第四條　墨子尚賢、尚同、兼愛，各分上、中、下三篇，而文字相同者居半，此亦古人不嫌繁複之證。謹案：俞樓雜纂卷三十四，論墨子三篇如一篇曰：「讀韓非子顯學篇云：『自墨子之死也，有相里氏之墨，有相夫氏之墨，有鄧陵氏之墨。故孔、墨之後，儒分爲八，墨分爲三。』然後知今之墨子書有三篇如一篇者，乃合三家爲一。此三家傳述文字不同，故每篇各分上、中、下三篇，以別異之也。」是先生後已不以此數篇　爲古人行文不避繁複之例矣。

九　語急例

第三條　「累」、「解」二字同義，猶「和」、「調」二字亦同義。謹案：「和」借爲「龢」。說文：「龢，調也。」「調，龢也。」二字固同義，若「累」之本字作「絫」。說文云：「增也。一曰絫，十黍之重也。」（此據段玉裁說，孟子：「係累其子弟，」則「纍」之隸變亦作「累」。）與「解」不相應，疑「絫」與「觲」聲同部，借爲「觲」。說文：「觲佩角銳耑，可以解結。」引伸有解義。管子白心：「事有適而無適若有適，觲解不可解而後解。」正「觲解」連文。

十　一人之辭而加曰字例

第三條　亦有非自問自答之辭，而中間又用「曰」字以別更端之語者。謹案：所舉之辭，

其又用「曰」字者，蓋當讀爲「唯」。

十一　兩人之辭而省曰字例

第二條　後儒遂生異說，以此一節皆爲季孫之言，失之甚矣！讀者不能辨別，遂以「傳

曰」、「公明儀曰」兩說，皆孟子所徵引，失之甚矣！謹案：四書集註，不依趙注，以季孫、

子叔爲孟子弟子，以通節皆引季孫之言，而云：「季孫、子叔疑不知何時人。」金履祥謂：

「季孫即魯季孫，子叔疑不知何人，當在春秋後。」全祖望謂：「季孫子叔，本非是時人，

以爲季孫聞孟子之辭萬鍾方異之，子叔亦從而疑之，趙注之謬，未有甚於此者也。」李惇謂：

「季孫即季平子，子叔疑即子叔聲伯玄孫子叔詣，亦即穀梁傳之叔倪。」竊謂集註雖不從趙

注，而謂季孫、子叔不知何時人，猶慎之；全謂本非是時人，未有說證；李說於名氏雖有偶

合，而「使己爲政」以下，亦無援證；相度上下文義，亦不應以此一節通爲季孫之言，自當

如趙注爲通順耳。公明儀，趙注謂魯賢人，金履祥謂自公明宣學於曾子，而公明高、公明儀皆見稱於孟子。高，曾子門人。儀與孟子，年輩相及。閻若璩謂公明儀見檀弓注，子張弟子；見祭義注，又曾子弟子。公明高亦曾子弟子，疑高與儀爲兄弟。宋翔鳳謂「孟」與「明」通，即墨子公孟篇之公孟子。竊謂孟子受業子思之門人，（何秋濤孟子編年考：「魯穆公三十三年卒，孟子九歲，是時子思在衛，事見通鑑。）蓋誤也。伯魚之卒，至此將百年矣。然孟子自言：「魯穆公無人乎子思之側，則不能安子思。」而史記孔子世家：「伯魚年五十，先孔子卒，又子思年六十二。」考孔子卒於魯哀公十六年，歷悼公、元公至穆公元年，已得七十年，則子思已前卒，安得及見穆公？然孟子去春秋不遠，何致有誤？疑子思年六十二，「六」當爲「八」，形近而誤，如此則子思及爲穆公所尊禮矣。孟子生於穆公二十五年，必不及師事子思。荀子大略篇：「公行子之之燕，遇曾元於塗。」楊倞注引孟子曰：「公行子有子之喪，右師往弔。」尋公行子，即公孟子，亦即公明子高，與儀俱爲曾子弟子，曾元則曾子子也。孟子及見公行子與曾元，蓋爲曾子門人之弟子。）而公明儀，曾子弟子，於孟子爲先輩，故孟子屢稱之。此「傳曰」「公明儀曰」，自是孟子所引，與上引成覸、顏淵、公明儀之說答滕文公者一例。僞孫疏說似不誤，即趙注之意亦然。周霄聞孟子「三月無君則弔」之說，

怪而先問；次乃問及「出疆載贄」之義，語氣緩急亦甚明。若是周霄有此二說，即可次弟而

問矣。惟「三月無君則弔不以急乎」與「出疆必載贄何也」是周霄問語，不加「曰」字省文。

十二　因此以及彼例

第三條　然則女弟謂之姨：正以聲近而義通。謹案：說文「鶏」之重文爲「鶵」，「羹」

之重文爲「茅」，（茅，說文作藕，羹、茅爲一字，說詳拙箸說文解字六書疏證。）周禮夏

官薙氏，鄭君讀如鬀小兒頭之「鬀」，故書「薙」或作「羹」，薙從雉聲，說文「雉」重文作

「俤」，然則「弟」、「夷」古同聲，妻之女弟謂之姨者，合「女弟」二字爲之，即「娣」字也。

以娣爲夫同出之女弟，則取同聲之夷字，別作姨字，其實娣、姨同義，皆謂女弟耳。

十三　古書傳述亦有異同例

第二條　小匡一篇，多與齊語同。蓋管氏之徒，刺取國史以爲家乘。謹案：董增齡國語

正義謂：「齊語一篇，皆管子小匡篇之文。管子遠出左氏前，必不豫知國語之文而襲之，疑

齊語全亡，後人采小匡以補之。」正與此說相反。竊謂：齊語但紀桓公伯業，文又與國語不

類，（本陶望齡說）似董說爲長。

第三條　疑此五十八字，乃他書之錯簡，莊子應帝王篇卽用此篇文，止列首三句而總之曰：「淵有九名，此處三焉。」蓋以其與本篇文義無關，而古本相傳，又不敢竟從芟薙，姑存大略耳。謹案：今本列子，非漢志箸錄之舊，高似孫、黃震以來，疑者極衆，近人何治運列舉五證以明出晉人僞作，皆塙然是當，間亦嘗列二十事證其僞，（見拙箸列子僞書考。此文成時，未見何說，故有數事，已爲何氏所明。）其一則九淵之文也。列子此文，全襲莊書而作僞者，未悉莊子之旨，致於莊子所削者，舉而列之，自顯敗闕。蓋莊子此章之旨，如佛家所謂「止觀」。成玄英、林希逸、德清俱已明之。三機正當三止三觀，其意亦與南嶽智者所說相契，於古說九淵之中，獨取三淵以爲比儗，非是全無干涉所爲；不列九淵全名，正以其他無關耳。僞作列子者不達，則取爾雅、淮南雜而成之。　九淵雖具，而文旨已絕矣，似非古書傳述亦有異同之例。

十四　稱謂例

第六條　禮記祭義篇：「易抱龜南面。」鄭注曰：「易，官名。」按此亦以事目其人，

非必官人也。謹案：易，即周禮太卜掌三易之易，蓋以官所執之事名其官也。然亦有徑以官

名其人者，史記夏本紀：「禹乃遂與益、后稷，奉帝命，命諸侯百姓，與人徒以傅士，行山

表木。」新書亦有禹、羿、稷並舉之文，益即羿也。（益為羿之假借字，詳余撰讀書續記。）

羿為射官，即尙書所謂虞也。（虞為射之假借字。）是時大費為伯益，棄為后稷，不曰大費

棄而曰益稷者，以其官名其人也。

十五　以雙聲疊韻字代本字例

第一條　「戎」與「汝」雙聲。謹案：「爾」「女」字無本字，作「爾女」者，許書所謂本

無其字，依聲託事，乃假借正例。然其字即無正字，凡音近者，皆可通假，故戎、汝皆借為

之。若以本字言之，汝，水名，與戎，兵也，均非「爾」「女」本義，似當別為一例。

第二條　篤者，厚也。言天厚降災咎以亡殷國也。篤與毒疊韵。謹案：說文：「篤，馬

行頓遲也。」是篤無厚義，經傳訓厚也，皆假借為「竺」也。說文：「竺，厚也。」「毒」，

說文：「厚也，害人之艸，往往而生。從屮毒聲，䓇，古文『毒』，從刀菅。」（據段本）然

則宋世家作「篤」者，非借為「竺」，乃借為「毒」也。然「毒」之本義，疑為害人之艸，故

從屮毒，「毒」，屮盛上出也。正與「往往而生」義合。（往當作里，）毒亦聲。（說文云：「從屮毒聲」者，當以「從屮毒」爲句，「聲」一字句，說詳說文六書疏證。）蓋害人之屮，往往而生，是毒本義；厚也，是假借之義。抑觀古文作「箸」，與害人屮往往生者，殊無交涉。段玉裁謂：「從刀者，刀所以害人者也。從箸爲聲。」亦仍與屮無涉。且此篆作「箸」者，王筠謂段改徐鍇本也。考鍇本，則汪啓淑槧者作「箸」，祁雋藻槧者作「箸」，據鍇云：「竹亦有毒，南方有竹，傷人則死，箸聲也。」則鍇本是從竹不從屮。蓋鍇以爲從刀箸聲，桂馥引竹譜、異物志等，以證南方有竹傷人則死之說，然與厚義亦無涉。徐鉉、宋保、王筠並謂從屮副聲，說較善矣。而亦與厚無涉。又鉉、鍇兩本並云從刀，則不得以爲從屮，自當以段本作「箸」者爲正。從刀箸，箸，臯也。是「毒，厚也」之訓，乃釋箸字。然則「箸」非「毒」之古文，其字從刀，未諦何義？亦未審何時屢入屮部爲「毒」之古文？由此言之，是書之作「毒」，史記作「篤」，並非正字，爲「竺」或「箸」之假借耳。

第三條 「卜」之訓「予」，雖本爾雅，然其義絕遠。余嘗疑此「卜」字，即檀弓「卜人師扶右」之「卜」，當讀爲「僕」。僕者，古人自謙之辭，故訓「予」，與「台」「朕」「陽」一例，非賜予之「予」也。謹案爾雅釋詁：「台、朕、賚、畀、卜、陽，予也。」郝懿行謂：「『予』既訓『我』，又爲『賜與』。說文：『予，推予也，象相予之形。』然則台、朕、陽，爲予我之『予』，賚、畀、卜，爲賜予之『予』，一字彙包二義。」竊謂郝說非是。「台」者，「貽」之省文，說文無「貽」字，「詒」下一曰「遺」也，即「貽」字義。是說文應有「貽」字也。「朕」與「媵」並從灷聲，借爲「媵」，說文：「媵，送也。」今謂予人爲送人，是媵有予義。「陽」者，媵之轉，禮檀弓：「杜蕢洗而揚觶。」注：「禮揚作媵。」燕禮：「升媵觚于賓。」注：「媵讀或爲揚。」是昜聲灷聲通轉之證。燕禮之「媵」，即爾雅之「朕」；檀弓之「揚」，即爾雅之「陽」也。「卜」可借爲「僕」，即可借爲「朌」，詩之「卜爾百福」，猶朌爾百福。（朌讀若頒，今皆借「頒」爲之，此以讀若字代本字。）傳箋訓「卜」爲「予」，雖同爾雅，亦自知其爲「朌予」之義矣。

十六　以讀若字代本字例

第三條　凡讀若字義本得通，故彼此可以叚借也。謹案：讀若字與本義有若可通者，如「品」讀若「嘔」，（據徐鉉本）「器」讀若「謹」，是也。有絕不通者，如本條所舉「阮」讀若「昆」，阮爲代郡五阮關，昆爲同也。「若」「爲」得通。又如上條「像」讀若「養」，而像爲象也，養爲供也，亦非可通。蓋僅以聲近相叚借耳，非義本得通也。

十七　上下文變換虛字例

第二條　礼記檀弓篇：「爲爾哭也來者，拜之，知伯高而來者勿拜也。」案：韋昭注國語周語曰：「知政，猶爲政也。」高誘注呂氏春秋長見篇曰：「知，猶爲也。」「知伯高而來者」，猶曰「爲伯高而來者」，與「爲爾哭也來者」相對成文，特虛字不同耳。正義曰：「若與伯高相知而來哭者，」則誤解知字，而兩句不一律矣。謹案曲礼曰：「知生者弔，知死者傷。知生而不知死者也；知死而不知生，傷而不弔。」此文爲爾哭也來者，即知生而不知死者也；知伯高而來者，即知死而不知生也。然則知字爲正義。釋文曰：「來者一本作爲爾哭也來者。」是陸所據本無哭字，則「爲爾哭也來者」，正猶「知爾也來者」「爲」當訓「知」，「知」不當訓「爲」。

十八　上下兩句互誤例

第八條　老子第十章：「愛民治國，能無知乎？」又曰：「明白四達，能無爲乎？」按

上句當作「無爲」，下句當作「無知」，易州刻石本正如此，而王弼本誤倒之，至河上、

兩句皆作「無知」，則辭複矣。謹案：「能無知乎」？傅奕本作「能無以知乎」？范應元古

本同。譣弼注曰：「治國無以智，猶棄智也，能無以智乎？則民不辟而國

治之也。」是王與傅同。今本經文，由後人妄改，幸注文尚可譣也。成玄英道德經義疏：

「知，分別智也。」又引下文「以智治國，國之賊」爲說，是成本亦作「能無以知乎」！宋

刊河上本作「能無知」，今本作「能無爲」，蓋後人依石刻改，不可據。

十九　上下兩句易置例

第四條　按「惚兮恍兮」兩句，當在「恍兮惚兮」兩句之下。謹案莊子至樂云：「芒乎

芴乎而無從出乎？芴乎芒乎而無有象乎？」義本老經。「芒芴」卽「恍惚」，「芒乎芴乎」

卽「恍兮惚兮」，（乎從兮，象聲上越揚之形。）莊亦「芒乎芴乎」，在「芴乎芒乎」之上，

可據以正也。

二十　字句錯亂例

第十條　莊子大宗師篇：「俄而子輿有病，子祀往問之。」按子輿當作「子來」，淮南精神篇作「子求」，抱朴子博喻篇作「子永」，並子來之誤。下文「俄而子來有病」，當作「子輿有病」。謹案：莊子此文不誤，自是淮南襲用莊子，有所改耳；不當轉依淮南改莊子。抱朴子曰：「子永歎天倫之偉。」天倫自指子來，所謂「父母於子，東西南北，惟命之從」云云，則葛所見莊文與今本同。

二十一　不達古語而誤解例

第二條　旅距，古語也。後漢書馬援傳：「黠羌欲旅距。」李賢注曰：「旅距，不從之貌。」亦或作「據旅」。大戴禮曾子制言篇：「行無據旅。」言其行之無所違也。謹案：沈濂謂「旅距，即莊子列禦寇篇『一命而呂鉅』之『呂鉅』。」（懷小編）俞正燮謂「呂鉅，謂其脊呂強鉅也。呂鉅即強梁。」（癸巳存稿）郭嵩燾謂「方言：『軑呂，長也。』說文：『鉅，大剛也。』亦通作巨，大也。呂鉅謂自高大。」（莊子集釋引）尋說文：「呂」為古文，「膂」為篆文，則「旅」即「膂」之省文，「呂」、「旅」實一字耳。「鉅」、「距」並從巨聲，故得通假，「呂鉅」義，俞說是也。莊子以「一命而傴」，對上文正考父「一命而僂」，而謂其強梁不屈耳。

二十二　兩字一義而誤解例

第一條　詩天保篇：「俾爾單厚。」傳曰：「單，信也。或曰，單，厚也。」箋曰：「單，盡也。」按傳、箋三說，當以訓「厚」爲正。謹案：單爲奲省，說文：「奲，富奲奲貌，從奢單聲。」

第七條　襄三十一年左傳：「寇盜充斥。」按：充、斥同義。充，大也，見淮南說山篇、呂氏春秋必己篇高注。斥，亦大也，見文選魏都賦李善注。謹案淮南原道訓：「柝八極。」高注曰：「柝，開也，讀爲重門擊柝之柝。」莊子田子方篇：「揮斥八極。」「斥」與「柝」並「庌」之借字，說文：「庌，開張屋也。」此「斥」字亦「庌」之借。

二十三　兩字對文而誤解例

第四條　詩野有蔓草篇：「邂逅相遇。」綢繆篇：「見此邂逅。」按「邂逅」二字對文。莊子胠篋篇：「解垢同異之變多。」「解垢」卽「邂逅」，與「同異」並言，是「邂逅」二

字，各自爲義。謹案：莊子之「解垢」，乃「謰訴」之借字，此文本作「頡滑堅白，解垢同

異之變多」。「堅白同異」，惠施、公孫龍所持之說也。「頡滑」爲「詰詘」之借字，（詳

余撰莊子義證。）「詰詘堅白」，與「解垢同異」對文。「詰詘」「解垢」義同。呂氏春秋誣

徒篇：「草木雞狗牛馬，不可謼訴遇之，（謼爲謰誤。）謰訴遇之，則亦謰訴報人。」此謰

訴義同。

二十四　據他書而誤改例

第一條　禮記坊記篇引詩：「橫從其畝。」按：毛詩作「衡從其畝。」傳曰：「衡獵之，

從獵之。」釋文引韓詩作「橫由其畝」。東西耕曰橫，南北耕曰由，此經引詩，上字既用韓

詩作「橫」，下字亦必用韓詩作「由」，鄭君疑南北耕不可謂之由，故不從韓義，而別爲之說

曰：「橫行治其田也。」廣雅釋詁曰：「由，行也。」鄭訓「橫由」爲「橫行」，其意如此。

後人據毛詩以改禮記，而注義晦矣。謹案：毛詩作「衡從」，韓詩作「橫由」，「橫從」卽

「橫由」，義實無別，「橫」、「衡」通假，古書例證甚多，不煩引徵。「由」可借爲「從」

者，孫詒讓謂「由」「用」一字，（說見籀廎述林，惟於「用」字，仍從衞宏卜中之說，未

是。詳拙箸說文解字六書疏證。）其所援證極塙。（古佚叢書本玉篇「由」字作「㽽」，卽「用」
之古文。傳寫微譌其形，又音餘同反，尤可證其爲「用」音。蓋「用」卽「墉」之本字，說亦詳
六書疏證。）用、從聲並東類，故得通假。韓詩謂東西曰橫，南北曰由，卽毛詩之「橫從」。
記者引詩，不必定從韓氏，而其時尚知從、由一義轉，可證也。鄭君殆不達其義矣。

二十五　誤增不字例

第二條　胠篋篇：「然則鄉之所謂知者，乃爲大盜積者也。」此卽上文而斷之；讀者誤
據下文增「不」字，則文不成義矣。天道篇：「世人以形色名聲爲足以得之，夫形色名聲果足
以得彼之情，則知者不言，言者不知，而世豈識之哉？」四十二字一氣相屬，今妄增「不」
字，作「果不足以得彼之情」，則不相屬矣。達生篇：「世之人以爲養形足以存生，而養形
果足以存生，則世奚足爲哉？」二十五字亦一氣相屬，「而」字當讀爲「如」，今妄增「不」
字，作「而養形果不足以存生」，則不相屬矣。謹案：疑三「不」字，皆非妄增，胠篋篇之
「不乃」，猶「不徒」也。（徒借爲乃，詳余撰莊子義證。）下文「則是不乃竊齊國」，謂「不
徒竊齊國」也。此言爲大盜積者也，正起下文「並與其聖知之法而竊之」。天道之義，若云

世人以形色名聲，爲足以得道之實。形色名聲，果不足以得道之實，則知道者必不言，以言者皆不離形色名聲也。言者必不知道，以所言者卽非道也。旣知者不言，言者不知，世人又豈能識之哉？達生所謂「養形」，卽是「爲世」，養形旣不足以存生，則世又奚足爲哉？義較明白。

古書疑義舉例增補

古書疑義舉例增補

姚維銳

小　引

　　嘗讀德清俞樾所箸書，獨喜其古書疑義舉例，援引詳明，條理精密，昭然發千古之曚；老馬識途，所以迢迪來學者，至矣！近人儀徵劉師培申叔，長沙楊樹達遇夫，於是書皆相繼有所增輯，足以補俞氏之缺，意甚善也。不佞學慚窺豹，義存識小，謬欲師劉、楊二氏之指，稍事增補，庶亦古人有聞必錄之誼與？海內方家，不吝賜教，所深幸也。

一九二五，一，二，自記於養志堂。

一　耦語中異字同義例（此與俞氏上下文異字同義例有別）

　　莊子山木篇曰：「天地之行也，運物之泄也。」此耦語也。按：「泄」與「動」義近。韓非揚權篇：「根幹不革，則動泄不失矣。」是「泄」亦訓「行」，字異而義實同也。又大宗師篇曰：「神鬼神帝，生天生地。」此亦耦語也。按：「神」與「生」，字異而義實同也。說文云：「神，天神引出萬物者也。」又云：「出，進也，象草木益滋上出達也。」又云：「生，進也，象草木生出土上。」是「神」與「生」俱有引出之義明矣。又釋詁云：「神，重也。」

也。」可知懷孕爲生之始，義與引出亦相通也。

說文云：「身，神也；」詩大雅篇云：「大任有身。」傳：「身，重也，」箋：「重，謂懷孕

書皋陶謨：「烝民乃粒，萬邦作乂。」愚按：此耦語也。王引之云：「家大人曰，『魯

頌駉篇毛傳曰：「作」，始也。　廣雅同。作之言乍也，乍亦始也。」」經義述聞。禹貢：「萊夷

作牧，」「雲夢土作乂。」王氏喬梓均訓「作」爲「始」。見同上。是「作」即「始」無疑。

又論語八佾：「起予者商也，始可與言詩已矣。」此「始」字，劉淇曰：「猶云乃也。」

助字辨略。據此，則書言「作」與「乃」，實相對成文，異字同義，猶曰「烝民乃粒，萬邦乃

乂」也。

禮禮器：「合於天時，設於地財。」愚按：此耦語也。國策秦策：「張樂設飲。」註：

「設，合也」。廣雅亦曰：「設，合也」。漢石經「設」作「翕」，見隸釋。「翕」，亦「合」

也，故知設於地財，猶言合於地財也。

淮南覽冥訓：「雷霆不作，風雨不興。」愚按：作，亦興也。易乾卦：「聖人作而萬物

覩。」繫辭傳：「神農氏作。」馬註及虞註，俱訓「作」爲「興起」之誼。覽冥訓又云：「川

谷不濟，草木不搖。」考唐韻、集韻、韵會、正韵，濟並徒濫切，音啖。水搖動貌。據此，

則川谷不濟，猶云川谷不搖也。

二　一字不成詞則加助語例

古人屬文，遇一字不成詞，則往往加助語以配之。若虞、夏、殷、周，本朝名，而曰有

虞、有夏、有殷、有周，此加「有」字以爲語中助詞也。它如：書皋陶謨篇「亮采有邦」之

「有邦」，「夙夜浚明有家」之「有家」，立政篇「乃有室」之「有室」，盤庚篇「民不適有

居」之「有居」，多方篇「告猷爾有方多士」之「有方」，及詩賓之初筵篇「發彼有的」之

「有的」，十月之交篇「擇三有事」之「有事」，皆因一字不成詞，加「有」字以爲語也。

詳見王氏經傳釋詞卷三。

失之遠矣。

詩雄雉篇，「道之云遠：」瞻卬篇，「人之云亡：」此「云遠」、「云亡」之「云」，

亦助語也。因「遠」與「亡」不成詞，故加「云」字以配之也。昧者不達，訓「云」爲「言」，

書皋陶謨篇，「百工惟時：」召誥篇，「無疆惟休：」「時」與「休」不成詞，則加「惟」

字以配之，亦其例也。

襄十七年左傳，「而何以田爲？」二十二年傳，「雨行何以聖爲？」晉語，「將何治爲？」楚語，「何不來爲？」論語顏淵篇，「何以文爲？」季氏篇，「何以伐爲？」莊子逍遙篇，「奚以之九萬里而南爲？」楚辭漁父篇，「何故懷瑾握瑜而自令見放爲？」荀子議兵篇，「何以兵爲？」韓子說林篇，「奚以薛爲？」皆因句末第二字不成詞，加助語「爲」字以配之。參看劉淇助字辨略卷一。

詩天保篇，「如松柏之茂，無不爾或承，」此言無不爾承也。「或」字在句中無意義，此亦加助字之例。「二」字亦助語也。昭二十年左傳，「君一過多矣；」莊子大宗師篇，「回一怪之；」燕策，「此一何慶弔相隨之速也；」諸「一」字皆用如助語，所以配其詞也。「二」或作「壹」。禮記檀弓篇，「子壹不知夫喪之踊也；」大學，「壹是皆以修身爲本；」大戴禮小辯，「吾壹樂辯言；」成十六年左傳，「敗者壹大；」襄二十一年左傳，「今壹不免其身以棄社稷…」諸「壹」字皆助語，無意義可言，只用以配成其詞而已。而或訓爲「專壹」，或「決定」之意，俱不得其說而爲之辭。

詩瞻卬篇，「蟊賊蟊疾，靡有夷屆；」又，「罪罟不收，靡有夷瘳…」此「夷」字亦語助也。傳箋訓「夷」爲「常」，失之。昭二十四年左傳，「紂有億兆夷人，」言有億兆人也；

孟子盡心篇，「夷考其行而不掩焉者也，」言考其行而不掩也。兩「夷」字並爲助語，一則

人上加「夷」，一則考上加「夷」者，均所以配成其詞耳。

它如詩揚之水篇「云何其憂」之「其」，柏舟篇「日居月諸」之「居」及「諸」，越語

「安與知恥」之「與」，皆因一字不成詞，加助語以配之之例。披閱往籍，若斯之類，更僕

難數，約舉一隅，以待三反。

三　助語用無字例

「無」，有之對也，古今相沿，未之或易；然古人屬文，乃有用作助語者，不善讀之，

則失其本義矣。詩文王篇：「王之藎臣，無念爾祖。」傳：「無念，念也。」箋：「今王之進

用臣，當念女祖爲之法。」而小爾雅亦云：「無念，念也。」隱十一年左傳，「無寧茲許公

復奉其社稷；」昭六年左傳，「無寧以善人爲則；」杜注并云：「無寧，寧也。」論語子罕

篇：「無寧死於二三子之手乎？」朱熹集注及馬融注并云：「無寧，寧也。」此諸「無」字，

皆用爲助語，與詩生民篇「上帝不寧」之「不」字同一用法。又中庸「莫顯乎微」。古「無」、

「莫」同音同義，小爾雅云，「無顯，顯也，」是也。

四　有草木蟲魚鳥獸同名例

草木蟲魚鳥獸，古書所釋，往往有同名者，或音轉於雙聲，或文歸於通字。如爾雅釋草中「薕薢」之與「苗薢」，字相通也；「蕨攗」之與「英莞」，音相轉也；「離南活莌」，「倚商活脫」，考之古音，亦無不相合也。它若釋草有「果臝」，而釋蟲亦有「果臝」；釋草有「蒺藜」，而釋蟲亦有「蒺藜」；釋鳥有「天雞」，而釋蟲亦有「天雞」：此同名之昭然可見者。至於釋草之「莪蘿」，與釋蟲之「蛾羅」；釋草之「葵蘆葹」，與釋蟲之「蜚蠦蜰」：皆取音相同也。又釋草有「蒫莖蒢」，釋木亦有「蒫莖蒢」；釋木有「諸慮山欓」，釋蟲亦有「諸慮奚相」；釋蟲有「密肌繼英」，釋鳥亦有「密肌繁英」。郭氏景純或疑有重出之文；不知古人命名，不嫌相假，或因其色同，或取其象類，俱未可知也。郭註以葵蘆葹之「葹」，宜改爲「蔽」，失之。今本爾雅釋蟲，果「臝」字，中不從果，從虫；而唐石經仍作「臝」：是石經之文可信也。考釋蟲果臝爲細腰蟲，而釋草栝樓之果臝，亦有長而銳者。然則命名之同，彙寓象形，亦堪會意，六書之誼，胥可貫通。又釋草「茨蒺藜」，言其多刺不

可近，故名「蒺藜」，而釋蟲蛆蜋之「蒺藜」，今蜈蚣也，蜈蚣亦難近，非猶乎蒺藜與？又

釋草「菤耳」，蒿屬也，其色多白；今釋蟲之「蠜羅」，蠜其色亦白矣。他若「奔星」爲「彴

約」，言其星光似彴約然也；而「石杠」謂之徛，徛亦云「略彴」，是石杠之橫水而過，亦

猶乎奔星之如水而流，故同有彴名。釋山：「獨者蜀，」「蜀」，爲蟲名，獨行而無匹，山

亦假借其名。釋草「戎葵」之爲「蜀葵」，釋畜「大鷄」之爲「蜀鷄」，同一取義。若夫「籧

篨」爲竹席之名，而口柔之人，亦名「籧篨」；「戚施」爲「詹諸」之稱，而面柔之人，亦

稱「戚施」，斯并人亦假物以爲呼矣；又何疑草木蟲魚鳥獸之同名哉！見經義叢鈔。

五　有叶韻之字而後人誤讀之例

書洪範篇：「無偏無頗，遵王之義。」「義」從古文作「誼」。唐玄宗開元十四年詔書，

以「頗」與「誼」不協，肌改經文爲「陂」；詎知「誼」從「宜」得聲，「宜」本作「宜」，

從「多」聲，正合古音。即使依今文作「義」，而「義」古音「莪」，從「我」得聲，與「頗」

字固無不叶也。（參看簡朝亮尙書集註述疏及錢大昕十駕齋養新錄卷一）昧者不達，泥於今音而讀古書，

誠可哂已。顧炎武音論答李子德書，亦頗多論及。

詩國風篇：「揚之水，不流束蒲，彼其之子，不與我戍許。」束蒲，陸德明經典釋文云，「如字，毛云草也；」孫毓云，「蒲草之聲，不與戍許相協。」按：「許」國古作「鄦」，隸變作「鄦」，說文：「鄦，炎帝大嶽之胤，甫侯所封，在潁川，讀若『許』，」是其證。鄦今通假作「許」，從鄦聲，正與「蒲」爲韻，若孫氏之說，是不知古音者矣。

詩小雅篇：「式夷式巳，無小人殆。」陳奐云：「『殆』，讀『始』，與『仕』、『使』、『子』，韻也。」（見毛詩音）而釋文則音「待」，是與上文之「仕」、「子」、「巳」三字不協矣。蓋古音之不講，唐人巳然。

詩邶風篇雄雉云：「百爾君子，不知德行；不忮不求，何用不臧！」此「德行」之「行」，後人皆誤讀若「杏」，與「臧」不叶。按：「行」音「杭」，與臧韻叶，凡「德行」及「行列」，古人皆讀平聲，非若後世之分析繁碎。顧炎武唐韻正錄至數百事，並無讀去聲者，此其明證也。　俞樾谷風篇崔嵬怨爲韻說〔見詁經精舍自課文〕，亦可例此。

六　句中用韻例

陳奐云：「古人用韻之例，自不徒施於句末也，隨處有然。」見毛詩音。　斯言也，證諸經傳而益信矣。詩召南篇：「喓喓草蟲，趯趯阜螽。」此不特「蟲」與「螽」韻，「喓喓」「趯趯」一韻也，「草」「阜」亦一韻也，此句中用韻之例也。錢氏養新錄云：「周南『于嗟麟兮』句，似無韻，實與章首『麟之趾』相應，以兩麟字爲韻也。召南：『于嗟乎騶虞，』『乎』與『虞』韻。秦風，『于嗟乎不承權輿，』『乎』與『輿』韻。鄘風，『期我乎桑中，要我乎上宮，』「中」與「宮」韻，「桑」與「上」亦韻也。邶風，『有瀰濟盈，有鷕雉鳴，』『盈』與『鳴』韻，『瀰』與『鷕』亦韻也。唐風，『角枕粲兮，錦衾爛兮，』『粲』與『爛』韻，『枕』與『衾』亦韻也。大雅：『文王曰咨，咨女殷商，』二句似無韻，而『王』與『商』，『文』與『殷』皆韻，『咨』、『咨』亦韻，不必在句尾也。魏風，『父曰嗟予子行役，母曰嗟予季行役，兄曰嗟予弟行役，』『子』與『已』、『止』韻，『季』與『寐』、『棄』韻，『弟』與『偕』、『死』韻，此韻不在句尾也。」錢氏之說，亦云詳矣。

披閱往籍，句中用韻，層見疊出，又自不獨詩爲然也。莊子人間世篇引楚狂接輿曰：「天下有道，聖人成焉；天下無道，聖人生焉；方今之時，僅免刑焉。」三「焉」字韻，「成」、「生」、「刑」韻，兩「道」字韻，兩「聖人」韻，兩「天下」亦韻。又曰：「已乎已乎，臨人以德；殆乎殆乎，畫地而趨。」「德」與「趨」韻，「已」與「殆」，讀若始，證見前。「地」、

「趨」、「德」亦韻，兩「已」字句中韻，兩「殆」字句中韻，四「乎」字又韻。又曰：「迷

陽迷陽，无傷吾行；吾行卻曲，无傷吾足。」「陽」與「傷」、「行」韻，「曲」與「卻」、

「足」韻，「迷陽」與「迷陽」韻，「无傷」與「无傷」韻。史記淳于髡傳：「甌窶滿篝，汙

邪滿車；五穀蕃熟，穰穰滿家。」此四句不特「車」與「家」韻也，「甌窶」與「篝」韻，

「汙邪」與「車」韻，「穀」與「熟」韻，「蕃」與「滿」韻，「穰穰」重文亦韻，「五」

與「車」、「家」亦韻，幾無一字不叶韻矣。左傳讒鼎之銘：「昧旦丕顯，後世猶怠，」

「昧」與「丕」、「旦」與「顯」，「後」與「猶」，「世」與「怠」，俱韻也。

七　註經用韻例

古人註經，亦多用韻，固不僅作詩然也。爾雅釋訓，「子子孫孫，引無極也；」「顯顯

卬卬，君之德也；」「丁丁嚶嚶，相切直也；」「藹藹萋萋，臣盡力也；」「噰噰喈喈，民

協服也；」「佻佻契契，愈遐急也；」「宴宴粲粲，尼居息也。」每句第七字皆用韻也。說

文，「天，顛也，」「吏，治人者也：」「天」、「顛」疊韻，「吏」、「治」亦疊韻。又，

「帝，諦也；」「帝」、「諦」疊韻，「旁，溥也；」「旁」、「溥」雙聲亦韻。又，「神，

天神引出萬物者也；」「祇，地祇提出萬物者也；」「神」、「引」疊韵，「祇」、「提」疊

韵。諸如此類，說文中更僕難數，此皆注經用韵之例也。參看鄧廷楨說文雙聲疊韵譜。大戴禮記載

孝昭冠辭云：「以承皇天嘉祿……秉集萬福之休靈，始加昭明之元服。推遠雉免之幼志，崇

積文武之寵德。」「祿」與「服」、「德」韵，是西漢人且既協用之矣。見經義雜記。

八　二聲相近二義相通而字亦相通例

周語：「而或專之，其害多矣。」史記周本紀「或」作「有」。蓋「或」字古讀若「域」，

「有」字古讀若「以」，說見唐韵正。二聲相近，故曰：「或之言有也。」聲義既相通，則字

亦相通。說文：「或，邦也，從口，戈以守一，一，地也，或從土作域。」詩玄鳥，「正域

彼四方。」傳，「域，有也。」之訓爲「有」，猶「或」之訓爲「有」也；「或」之通

作「有」，猶玄鳥之「奄有九有」，韓詩作「九域」也。又，「或」，詩賓之初

「既立之監，或佐之史，」言又佐之史也。韓詩「又曰」作「或曰」，「或」古又讀若

筵，說亦見唐韵正。二聲相近，故義相通，而字亦逐相通矣。

周禮冬官考工記篇：「矢人前弱則俛，後弱則翔。」唐石經「俛」作「勉」。漢碑「罷

「異」，

勉」多作「傴俛」。陸機文賦：「在有無而傴俛求之。」

漢書谷永傳：「閔免遁樂。」師古注：「閔免，猶黽勉也。」而孔穎達左傳袞冕疏、賈公彥

儀禮士冠禮周禮弁師疏則並云：「冕，俛也。」據此，則「俛」之與「勉」，「黽勉」之與「傴

俛」，「閔免」之與「黽勉」，「冕」之與「俛」，皆因其聲音相近，故義與字亦互通。「求

竭」即「膠葛」，今作「糺葛」。楚辭遠遊篇：「騎膠葛以雜亂兮。」王逸注：「參差駢錯而

縱橫也。」廣雅「膠葛」又訓作「驅馳」，是有行列紛糅之意。此「求竭」亦同義。「求」

與「膠」古同聲，王制「養國老於東膠」注，「膠」或作「絿」，是其證。竭、葛皆從曷聲，

故「求竭」得借爲「膠葛」也。

書呂刑：「泯泯棼棼。」「泯」之與「湣」，「棼」之與「紛」，聲相近也。漢書敍傳：

「風流民化，湣湣紛紛。」論衡寒溫篇：「蚩尤之民，湣湣紛紛。」「湣湣」即「泯泯」，

「紛紛」即「棼棼」，聲相近，義相通，而字亦相通矣。

禮記郊特性：「肵之爲言敬也。」釋文：「肵音祈」。今考說文無肵字，當與祈同。祈

亦敬也，書召誥，「祈天永命，」言敬天永命也。「肵」「祈」聲近義通，字亦相通。

九　二形相似二聲相近而義亦相通例

露，敗也。昭元年左傳曰，「勿使有所壅閉湫底以露其體，」言勿使有所壅閉湫底以敗其體也。逸周書皇門解曰，「自露厥家，」言自敗厥家也。管子四時篇，「國家乃路；」呂氏春秋不屈篇，「士民罷潞；」莊子天地篇：「無落吾事。」所謂「路」，所謂「潞」，所謂「落」，亦俱言敗也。說詳章氏莊子解故。按：露、路、落、潞四字，形聲俱近，故義亦相通也。

莊子人間世篇：「死者以國量乎澤若蕉。」王先謙集解引廣雅：「蕉，黑也。」說文：「蕉，生枲也。」此蕉之本誼也。然郭嵩燾云，「蕉與焦通。」故「蕉瘁」班固作「焦瘁」，左傳又作「蕉萃」，成九年左傳：「雖有姬姜，無棄蕉萃。」孟子及國策則作「憔悴」，孟子：「民之憔悴於虐政。」國策：「顏色憔悴。」玉篇更作「顇顁」，而俱用爲形容困苦或枯槁之意。蓋二形相似二聲相近之字，古人往往通用，不必強爲區別也。

「陽」借爲「場」。說文：「場，祭神道也。」釋宮：「場，道也。」場古讀若唐，「唐」古文作「陽」，與「陽」、「場」皆从昜聲，故釋宮「廟中路謂之唐。」詩傳：「唐，堂塗也。」

章炳麟云：「道、塗、場三字，雙聲而同義。」（見莊子解故。）然則莊子人間世篇所云，「迷陽迷

陽，无傷吾行，」迷陽者即迷塲也，猶言迷塗也。按：陽、場、暘三字，形聲相近，故義亦

相同也。

襄二十七年左傳：「以誣道蔽諸侯，罪莫大焉。」正義引服虔曰：「蔽，踖也，一曰罷

也。」釋文云：「服虔、王肅、董遇竝作弊，」是蔽、弊同也。范宣子曰：「諸侯道敝而無

成，能無貳乎？」錢氏十駕齋養新錄解云：「與此傳同義，謂諸侯彙事晉、楚，則罷於奔命

也。」據此，則蔽、弊、敝三字，亦因其形聲相通，故義亦相通也。

十　有雙聲之字連用不得分爲二義例

易說卦篇：「坎爲水，爲溝瀆。」周禮秋官司寇篇：「雍氏掌溝瀆澮池之禁。」鄭注云：

「溝、瀆、澮田間通水者也。」賈疏云：「瀆，亦田間通水者。」說文云：「溝，水瀆。」

又云：「瀆，溝也。」按：溝、瀆雙聲字，不得區分二義。

周禮天官小宰篇：「正歲則以灋警戒羣吏。」書大禹謨篇：「益曰：『吁，戒哉！儆戒無

虞。』」「警戒」與「儆戒」同。說文云：「警，戒也。」而「戒」亦訓「警」。按：警、戒

雙聲，其義一也。

楚辭離騷篇：「曾歔欷余鬱邑兮，哀朕時之不當。」說文云：「歔，欷也。」「欷」亦訓爲「歔」。按：歔、欷亦雙聲字之連用，不得分訓。

說文云：「一歲豵尚叢聚也。」又云：「叢，聚也。」而「聚」亦訓「叢」。叢、聚，雙聲也，義同。

史記項羽本紀：「悲歌忼慨。」說文云：「忼，慨也。」「慨」亦訓「忼」。「忼慨」雙聲，言高亢憤激也。

它若「踰越」、「詰詘」、「緊急」、「號呼」、「滌盪」、「貪饕」、「宧養」、「通達」、「宋蔂」、「伶弄」、「邱盧」、「屛蔽」（屛蔽同）、「潛藏」、「畺界」、「枓勺」，俱爲雙聲字，在古書中往往連用，其義無別；淺人強爲區分，皆多事也。

十一　有疊韻之字連用不得分爲二義例

襄八年左傳：「焚我郊保，馮陵我城郭。」杜注曰：「馮，迫也。」王念孫曰：「馮，亦陵也，馮陵疊韻，不得分爲二義。」又襄十三年左傳：「君子稱其功，以加小人；小人伐

其技，以馮君子。」杜注曰：「加，陵也；馮，亦陵也。」爾雅：「馮河，徒涉也。」詩小

雅篇：「不敢馮河。」毛傳曰：「馮，陵也。」正義曰：「陵波而渡，故訓馮爲陵。」此皆足

申王氏之說。又周官大司馬：「馮弱犯寡，則眚之。」鄭注曰：「馮，猶乘陵也。」按：「馮

陵」、「乘陵」俱疊韻，不得分爲二義。王氏經義述聞略同。說文曰：「宴，安也，」「安

閔元年左傳管仲之戒齊桓曰：「宴安酖毒，不可懷也！」

「宴」古通。按：宴、安亦疊韻，不宜分訓。

史記武帝本紀：「是歲天子始巡郡縣，侵尋於泰山矣。」封禪書作「浸尋」，漢書郊祀

志作「寖尋」，文選風賦作「侵淫」，李善注云：「漸進也。」說文云，「侵，漸進也。」

按：侵尋疊韻，尋淫疊韻，浸尋疊韻，寖尋亦疊韻，俱同義，不得分訓。

詩民勞篇：「無縱詭隨，以謹無良。」傳曰：「詭人之善，隨人之惡者，以謹無良，愼

小以懲大也。」正義曰：「無良之惡，大於詭隨，詭隨者尚無所縱，則無良者謹愼矣。」按：

經義述聞云：「詭隨，疊韻字，不得分訓。詭人之善，隨人之惡，詭隨，卽無良之人，亦無

大惡小惡之分。詭隨，謂譎詐謾欺之人也。」王說是也，傳與正義俱失之。

它若「傀偉」、「俾益」與埤益、裨益同。、「完全」、「傴僂」、「匍伏」、「逸失」、

「怪異」、「愴傷」、「氾濫」、「排擠」、「貪婪」、「綢繆」、「光明」、「展轉」、「光昌」、「團圓」、「諷誦」、「局促」、「禱告」，俱爲疊韻，在經傳中連用，其義一也。

十二　補倒文成句例

莊子應帝王篇曰：「且鳥高飛，以避矰弋之害；鼷鼠深穴乎神丘之下，以避熏鑿之患，而曾二蟲之無知。」按：「而曾二蟲之無知，」倒文成句也。釋詁云：「知，匹也。」詩檜風篇云：「樂子之無知。」箋云：「樂其無妃匹之意。」「而曾二蟲之無知」，猶言不能妃匹二蟲也。

論語爲政篇曰：「道之以政，齊之以刑，民免而無恥。」集注云：「道，引導；齊，所以一之也。」按：「道之以政，齊之以刑」猶言設爲政令以化導之，設爲刑罰以整齊之也。此亦倒文成句之例。下文接云，「道之以德，齊之以禮，」與此同。

禮射義：『發而不中，則不怨勝己者，求反諸己而已。』」據唐石經。王念孫曰：『求反諸己，文義不順，蓋涉上文求正諸己而誤也。』」愚按：王說非也，求反諸己，猶言反求諸己，倒文成句也。

昭十三年左傳：「我之不共，魯故之以。」杜註云：「不共晉貢，以魯故也。」愚按：「魯故之以」，猶言因魯之故，倒文成句也。

漢書鄭吉傳：「中西域而立莫府。」師古註云：「中西域者，言最處諸國之中，近遠均也。」愚按：「最處諸國之中」者，言處諸國之最中也；「中西域而立莫府」者，言處西域之最中而立莫府也。傳與註俱倒文。

漢書周亞夫傳：「上視而笑曰：『此非不足君所乎？』」師古註云：「帝言：賜君而不設箸，此由我意，於君有不足乎？」愚按：此「非」字，猶云「豈」也。「不足」，不副其意也。君謂亞夫；「不足君所」，倒文成句也，言此地豈君不足之所乎？。

水經云：「呂望行年五十，賣食棘津。」愚按：「行年」猶云「年將」，倒文也。乃或訓爲「年歲流行」，此惟後世推祿命者有是言，古無之也。

閔元年左傳：「爲吳太伯，不亦可乎？猶有令名，與其及也。」愚按：「與其」反設之辭。傳先云「有令名」，後云「與其及」者，倒文也。

書盤庚：「各設中於乃心。」王引之云：「各設中於汝心求合中正之道也。」。此亦倒文成句也。

十二　補語詞複用例

古人用助語，有兩字同義而複用者，俞書既發其端緒矣，今更詳爲證之。

史記平準書：「故吏皆通令伐棘上林。」愚按：貨殖傳，「交易之物，莫不通得其所。」通，猶皆也，「皆通」連文，語詞之複用也。

水經注：「雖千古茫昧，理世玄遠，遺文逸句，容或可尋。」愚按：容，或也；「容或」複用。

漢書項籍傳：「今將軍爲秦將三歲矣，所亡失既數十萬數，而諸侯並起茲益多。」愚按：此「茲」字與「滋」通，益也；「茲益」複用。

史記燕世家：「齊城之不下者，獨唯聊、莒、即墨。」越世家：「吳國精兵從王，唯獨老弱與太子留守。」愚按：「獨唯」「唯獨」，並複用。

宋文帝與江夏王義恭書：「宜應慨然立志，念自裁抑。」愚按：宜，應也。「宜應」複用。

吳志大帝傳：「性多嫌忌，果於殺戮，暨臻末年，彌以滋甚。」聖教序：「彌益厚顏。」

顏師古漢書敍例：「傳寫既多，彌更淺俗。」愚按：「彌滋」、「彌益」、「彌更」，並複
用。又家語：「三命滋益恭。」滋，益也，亦同。

荀子王霸：「如是則舜、禹還至，王業還起。」楊倞註云：「還，復也。」而世說新語：
「時人卽以王理難裴，理還復申。」是以「還復」連文矣。

史記平準書：「初先是往十餘歲。」劉淇云：「初先是者，重言也」；往，亦先是之辭。」
助字辨略。據此，則「初先是往」，竟復用四字矣。

詩國風：「方將萬舞。」水經注：「穆王觀圖，方乃導以西邁矣。」孟子滕文公篇：「周
公方且膺之，子是之學，亦爲不善變矣。」此「方將」、「方乃」、「方且」，皆複用也。

又楊惲報孫會宗書：「方當盛漢之隆，顧勉旃，毋多談！」後漢書劉盆子傳：「謂盆子曰：
『自知當死不？』對曰：『罪當應死。』」此「方當」、「當應」亦同。

後漢書南蠻西夷傳：「若乃文若之所沾漸，風聲之所周流，幾將日出入處也。」「幾」，
猶「將」也。

漢書宣帝紀：「尤樂杜、鄠之間，率常在下杜。」此言杜、鄠帝所最樂，而大率又常在
下杜也。愚按：「率」，猶云「往往」，則「率」亦「常」也。又于定國傳：「率常丞相議

可。」韓退之柳子厚墓誌：「率常屈其座人。」並同一用法。又水經注：「河水南逕北屈縣故城西十里……風氣蕭瑟，習常不止。」「習常」即「率常」，亦復用。

漢書平帝紀：「其歷職更事有名之士，則以爲難保。」師古註：「難保者，言已嘗有罪過，不可保也。」賈誼傳：「夫嘗已在貴寵之位，天子改容而禮貌之矣。」按：「已」，既也；「既」，曾也；「嘗」，廣韻云：「曾也。」「已嘗」、「嘗已」，並復用。

後漢書郭林宗傳：「賈子厚誠實凶德，然洗心向善，仲尼不逆互鄉，故吾許其進也。」愚按：「實」，猶誠也，複用。今人引此，多省「實」字，不知古人爲文，無意琢鏤，間有繁重，益形古茂，不足爲病也。

昭二十六年左傳：「周其有髭王，亦克能修其職。」後漢書竇融傳：「豈其德薄者所能克堪？」愚按：顧氏日知錄云：「克，即能也。」「克能」、「能克」，並複用之詞。

漢書賈誼傳：「天子春秋鼎盛，行義未過，德澤有加焉，猶尚如是。」又詩魏風陟岵：「上愼旃哉！猶來無止。」愚按：顧氏日知錄云：「尚」，即猶也。既言猶，又言尚。按：「上」與「尚」同，庶幾也。「猶來」，亦「庶幾」也。

詩國風：「無巳太康。」愚按：毛傳云：「已，甚也」。正義云：「已，訓止也。物甚則止，故已爲甚也。」顧氏日知錄云：「已，卽太也。旣言已，又言太。」又史記倉公傳：

「卽舊已爲人治診病，決死生有驗。」愚按：「嘗」，曾也；「已」，嘗也。

史記秦本紀：「遂復三人官秩如故，愈益厚之。」愈，亦益也。

魏志夏侯玄傳註：「豐爲中書二歲，帝比每獨召與語，不知所說。」愚按：「比」，頻

也，猶「每」也。「比每」複用。

莊子逍遙游：「而後乃今培風。」又：「而後乃今將圖南。」韓非說難：「大忠無所拂

辭，悟言無所擊排，乃後申其辨知焉，此所以親近不疑。」漢書敍傳：「譻問彪曰：『往者

周亡，戰國並爭，天下分裂，數世然後乃定。』」吳志張紘傳：「自古帝王受命之君，……

亦賴武功以昭其勳，然而貴於時動，乃後爲威耳。」凡此「而後乃」，「然後乃」，「乃

後」，並是複用。

漢書王莽傳：「今阨會已度，府帑雖未能充，略顏稍給。」愚按：「略」，卽「顏」也；

「顏」，卽「稍」也：此以三字爲複用矣。又，燕王劉澤傳：「今呂氏雅故，本推轂高帝就

天下。」愚按劉淇云：「雅是推原平素之辭，故服訓『故』也。」助字辨略。劉說是也。旣云

「雅」，又云「故」，亦複用。又，原涉傳：「大郡二千石死官，賦斂送葬，皆千萬以上，妻

子通共受之。」「通」，猶「共」也。

史記魯仲連傳：「亡意亦捐燕棄世，東游於齊乎？」愚按：「亡」，亦疑辭。既言「亡」，又言「意」。

世說新語：「……如是減半，遂至一匹，既終不受。」「既」與「終」俱訓「已」。

荀子正論：「今俳優侏儒狎徒詈侮而不鬭者，是豈鉅知見侮之為不辱哉？」史記張儀傳：「蘇君在，儀寧渠能乎？」下註云：「渠音詎。」索隱云：「古字少，假借耳。」漢書高帝紀：「沛公不先破關中兵，公巨能入乎？」師古註云：「巨讀曰詎，詎，猶豈也。」然則「豈鉅」、「寧渠」，亦複用矣。

史記陳涉世家：「卒買魚烹食，得魚腹中書，固以怪之矣。」蘇秦傳：「不待發於遠縣，而臨菑之卒，固已二十一萬矣。」此「固」字猶「既」也，「已」也。「固以」即「固已」。

荀子議兵：「慮率用賞慶刑罰勢詐。」「慮」，猶「率」也。

書召誥：「曷其奈何弗敬！」「曷其」、「奈何」亦複用。

顏氏家訓勉學：「人生在世，會當有業。」「會」，猶「當」也。

史記衛霍傳：「最驃騎將軍去病，凡六出擊匈奴。」索隱云：「最，凡，計也。」愚按上云「最」，下復云「凡」者，複用也。

世說新語：「潘云可作耳，要當得君意。」吳志華覈傳：「軍與已來，已向百載。」史

記老莊傳：「大抵率寓言也。」詩大雅：「借曰未知，亦聿既耄。」漢書高帝紀：「後九

月。」師古註云：「據漢書表及史記，漢未改歷之前，迄至高后、文帝，屢書後九月。」愚

按：「要當」、「已向」、「大抵率」、「亦聿」、「迄至」……並複用之詞。

書召誥：「越若來三月。」漢書律歷志引此作「粵若來三月」。書洪範則作「曰若稽古

帝堯」。愚按：「越若」、「粵若」、「曰若」，古通，並為語詞之複用者。

漢書張釋之傳：「有如萬分一，假令愚民取長陵一抔土。」「有如」、「假令」，並若

或之詞，複用也。又史記馬服君傳：「卽有如不稱，妾得無隨坐乎？」「卽」，亦假令之詞，

猶「有如」也。

王延壽靈光殿賦：「非夫通神之俊才，誰能剋成乎此勳？」愚按：「剋」與「克」同，

能也，亦複用。

史記孔子世家：「譬使仁者而必信，安有伯夷叔齊？」「譬」，猶「使」也。

詩國風：「薄言采之。」毛傳云：「薄，辭也。」正義云：「時邁云：『薄言震之。』

箋云：『薄，猶甫也；甫，始也。』有客曰：『薄言追之。』箋云：『王始言餞送之。』」

愚按：〈毛說〉是也。「薄」，辭也；「言」，亦辭也。

史記外戚世家：「太后業已許其行酒，無以罪也。」劉敬傳「是時漢兵已踰」句註，

「二十萬兵已行。」「已業」、「業已」，複用。

孟子公孫丑篇：「管仲且猶不可召。」論語先進：「比及三年，可使足民。」愚按：

「且」，亦「猶」也；「比」，亦「及」也；「且猶」、「比及」，並複用。

十四　補美惡同辭例

葉大慶考古質疑云：「寧馨兒……平聲去聲皆通，而美惡亦皆可用。」葉說是也。唐劉

夢得贈日本僧知藏詩云：「為問中華學道者，幾人雄猛得寧馨？」此以「寧馨」為美男子

也。晉書王衍傳：「何物老嫗，生寧馨兒！然誤天下蒼生者，未必非此人也！」南史：「宋

王太后疾篤，使呼廢帝，帝曰：『病人間多鬼，那可往！』太后怒，謂侍者取刀來割我腹，

那得生寧馨兒！」（吳虎臣漫錄引。）此並以「寧馨兒」為不佳，故山濤、王太后皆以此詆叱之

也。

十五　補句中用虛字例

說文犬部猴下曰：「夒也」；攵部夒下曰：「獸也，一名母猴；」爪部爲下曰：「母猴也；」犬部玃下曰：「大母猴也。」是「猴」「夒」「玃」「爲」，而皆可目爲母猴。母猴一曰沐猴。漢書項羽傳：「楚人沐猴而冠。」一曰獼猴。樂記註：「夒，獼猴也。」玃卽夒之別體也。陳立云：「沐獼皆母之轉音，母非猴名，母其呼猴者之語詞也。長言之曰母猴，短言之則曰猴，猶越之名『於越』，吳之名『句吳』也。故夒下曰母猴，猴下則曰夒，轉註爲訓，物名已晰。蓋夒下曰一名母猴，猶曰一名猴也；夒下曰食母猴，猶曰食猴也。」句溪雜箸卷一。愚按：陳氏此說，得其微恉矣。邵氏爾雅疏謂沐猴老者爲玃，故許氏以玃爲母猴，是直以母解作父母之母，失其本義矣。抑考爾雅鳥獸多以父母字爲語詞，如「麔父麚足」，卽麔麚足也；「玃父善顧」，卽玃善顧也；「鴛鴦母」，卽鴛鴦也。不獨此也，「隹其鳺鴀」，卽隹鳩鴀也；〈舍人云，隹一名夫不，見左疏。〉「鶅斯鵯鶋」，卽鶅鵯鶋也；「威夷長脊」，卽夷長脊也。夷，說文作屍，廣韻：虒，似虎有角。蓋方音緩急，故呼謂殊異，必求其義以釋之，則鑿矣。

（全書完）